上古卷

群星闪耀

石岗 著

COLLECTION OF STORIES OF CELEBRITIES IN CHINESE HISTORY

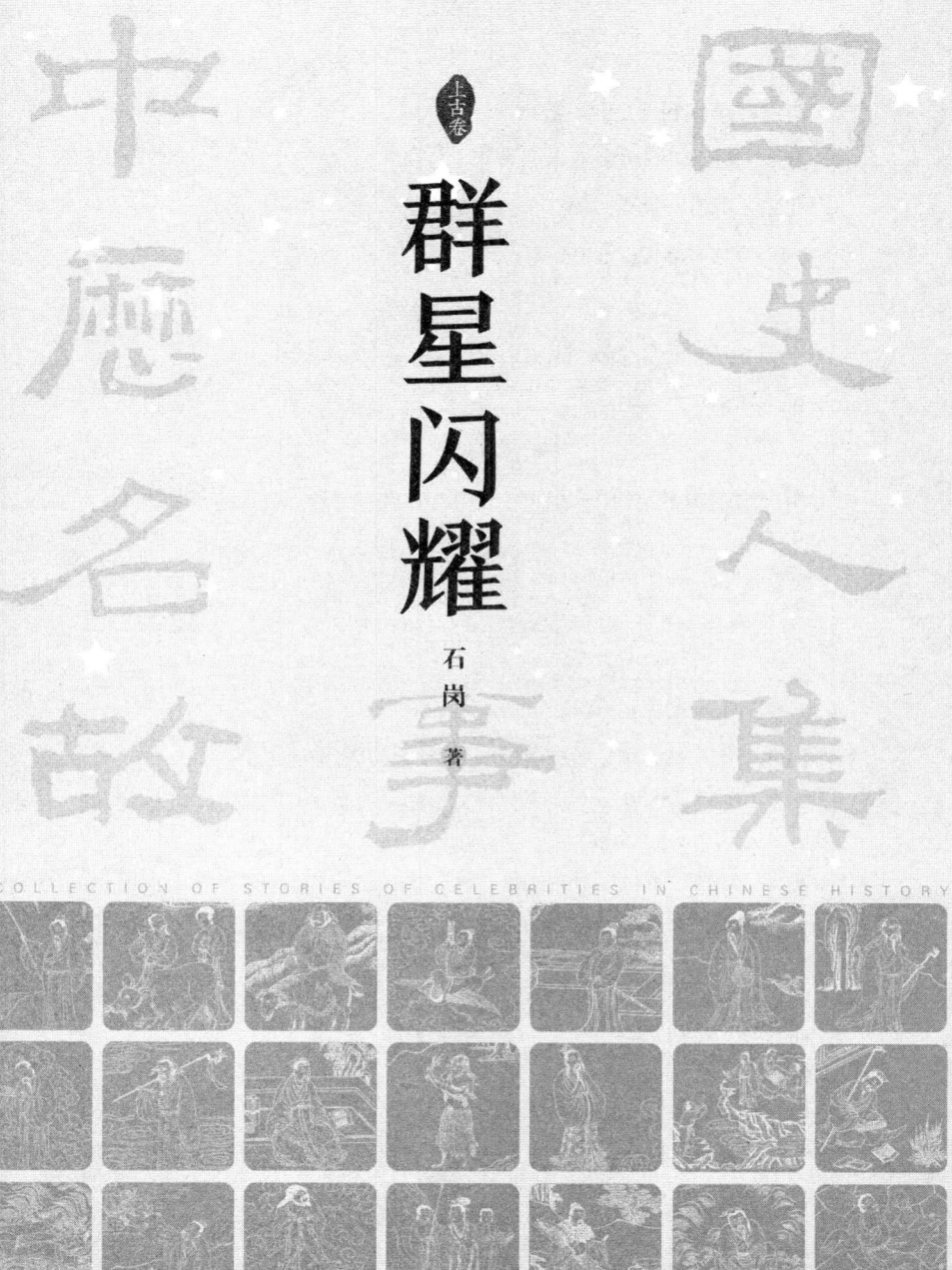

团结出版社

图书在版编目（CIP）数据

群星闪耀：中国历史名人故事集 / 石岗著.
— 北京：团结出版社，2018.11
ISBN 978-7-5126-6704-4

Ⅰ.①群… Ⅱ.①石… Ⅲ.①历史人物—列传—中国—古代 Ⅳ.①K820.2

中国版本图书馆CIP数据核字(2018)第243589号

出版：团结出版社
（北京市东城区东皇城根南街84号 邮编：100006）
电话：(010) 65228880　　65244790　（传真）
网址：www.tjpress.com
Email：zb65244790@vip.163.com
经销：全国新华书店
印刷：三河市金轩印务有限公司

开本：145×210　1/32
印张：27
字数：400千字
版次：2019年5月　第1版
印次：2019年5月　第1次印刷

书号：978-7-5126-6704-4
定价：120.00元 (全5册)

前　言

孩子们，我们这套书名字叫做《群星闪耀——中国历史名人故事集》，书里给你们讲的都是历史上有名的人物。

历史，就是人类活动的记录。每一个人，从生下来开始，他每一天做什么，记录下来，就是他自己的历史。一个孩子和他的爸爸、妈妈、爷爷、奶奶、外公、外婆还有兄弟、姐妹一起，组成一个家庭，这个家庭每天都在做什么，记录下来，就是这个家庭的历史。由许许多多的家庭，组成一个国家，这个国家的人，每天都在做什么，记录下来，就是这个国家的历史。许许多多国家的人，居住在地球上，组成人类，人类每天做什么，记录下来，就是人类的历史。历史，就是人类的故事。

我们这本书是《群星闪耀——中国历史名人故事集》第一册，写的是我们中国古代历史上最早时期的有名人物，书里首先写了神话传说中的人物，他们都是在还没有文字记录历史之前，人们口头流传下来的，他们都很神奇，有几分像人，也有几分像神，所以是神话。神话之后，是三皇五帝时代，我们写了我们中华民族的祖先三皇——伏羲（xī）、炎帝和黄帝，也写了对中国历史贡献很大的五帝中的尧和舜（shùn）。

接着，我还写了在三皇五帝之后，大禹建立第一个世袭王朝夏朝开始，中间经历了商朝，直到周朝前期的几位重要的历史名人。

夏朝的大禹，是历史上一位伟大的人物，他领导人民治理洪水，并且建立夏朝，是对我们国家做出巨大贡献的。他的继任者夏启，也是开创一个时代的人。

商朝我们写了一个出身贫贱，最后成为伟大人物的伊尹。

周朝，我们写了对中国文化作出伟大贡献的周文王姬昌，善于带兵打仗而且成为历史传奇人物的姜子牙，对周朝国家建立和稳定作出贡献的伟大人物周公姬旦。

这些人物，都是开创一个时代的伟人，都是在中华民族历史上会被永远铭记的人，你们一定要记住他们。

"皇"字最早写作"皇"，它就像一盏灯，顶上是火焰，中间是灯盏，底下是灯座，它代表着像灯一样照亮别人的伟大人物。中国的三皇，伏羲、炎帝、黄帝都是古代人类的伟大领袖，他们的贡献就像灯一样，照亮人民的生命。

"帝"字最早写作"帝"，上面像花的子房，中间像花萼（è），下面下垂的像雌雄花蕊。最初，"帝"专指花蒂，指花或果实与枝茎相连的部分。果实是天地交合的结晶，上天给以阳光和雨露，大地给以土壤和营养，而花蒂就连接着果实与大地。古人认为，一个人能够感应上天之意，又理解万民之心，他就像花蒂那样是连接人和上天的纽带，他就是"帝"，是道德修炼最好的人。

但是，到了秦朝，秦始皇把这两个美好的字都用在最高统治者身上，把国家的最高统治者称为"皇帝"。

孩子们，每个人都要学习历史，学习历史上那些伟大的人，才能知道自己该怎样做人，怎样做事，才能有一个伟大的理想和目标，我们希望你们好好学习，成为一个了不起的人。

石　岗

2016年1月于西安含光书屋

目 录

神话中的名人故事

一、美丽的神话	1
二、开天劈地	2
三、女娲造人	3
四、女娲补天	4
五、精卫填海	7
五、后羿射日	8
六、夸父逐日	10
七、嫦娥奔月	11

1

八、神话和传说　　　　　13

伏羲
　　一、燧人氏之子　　　　　14
　　二、神秘出生　　　　　　16
　　三、文明始祖　　　　　　18
　　四、各民族共同的祖先　　19

炎帝
　　一、神奇身世　　　　　　20
　　二、农业之神　　　　　　21
　　三、中医之神　　　　　　24
　　四、名垂千古　　　　　　26

黄帝
　　一、炎黄子孙　　　　　　28
　　二、创造文明　　　　　　31
　　三、统一华夏　　　　　　34
　　四、奠基中华　　　　　　37

尧帝
　　一、黄帝后代　　　　　　40
　　二、尧帝挖井　　　　　　41

三、仁爱天下　　　　　　43

四、敬授民时　　　　　　44

五、辛苦治水　　　　　　45

六、禅让退位　　　　　　46

七、人民怀念　　　　　　50

舜帝

一、苦难童年　　　　　　52

二、尧帝召见　　　　　　58

三、摄理国政　　　　　　61

四、登上帝位　　　　　　63

五、一代圣君　　　　　　65

大禹

一、改造自然　　　　　　67

二、洪水泛滥　　　　　　68

三、大禹治水　　　　　　71

四、华夏形成　　　　　　73

皋陶

一、司法之神　　　　　　77

二、皋陶作刑　　　　　　78

三、獬豸决狱　　　　　80

　　四、协助大禹　　　　　81

夏启

　　一、继承大禹之位　　　82

　　二、平定叛乱　　　　　83

　　三、世袭国君　　　　　84

少康

　　一、太康失国　　　　　86

　　二、图谋复兴　　　　　89

　　三、少康复国　　　　　90

伊尹

　　一、出身贫贱　　　　　92

　　二、夏朝暴政　　　　　94

　　三、投奔商汤　　　　　96

　　四、网开三面　　　　　99

　　五、充当间谍　　　　　100

　　六、营救商汤　　　　　102

　　七、汤武革命　　　　　102

　　八、辅佐商汤　　　　　104

九、辅佐幼臣　　　　　　105

十、千秋圣人　　　　　　106

周文王

一、千古流芳　　　　　　108

二、实行仁政　　　　　　111

三、商朝暴政　　　　　　113

四、演绎《周易》　　　　115

五、选贤任能　　　　　　118

姜太公

一、远古人的姓名和姓氏　121

二、半生贫困　　　　　　123

三、渭水垂钓　　　　　　124

四、辅佐姬发　　　　　　127

五、助周灭商　　　　　　128

六、创建齐国　　　　　　130

七、辅佐周王　　　　　　131

八、流芳千古　　　　　　132

周公

一、谁是周公　　　　　　133

二、生于王家　　　　　　134

三、爱护人民　　　　　　136

四、忠于国王　　　　　　138

五、平定三监　　　　　　139

六、营建东都　　　　　　140

七、制礼作乐　　　　　　141

八、还政成王　　　　　　143

九、千古圣人　　　　　　144

神话中的名人故事

一、美丽的神话

孩子们,人类是从哪里来的?是先有神,还是先有人?是神创造了人,还是人创造了神,这个问题一直争论了几千年。

在世界各民族中,都有神创造世界和人类的神话与传说,这些美丽的传说,反映了古人对于大自然的崇拜,对于神秘领域的丰富想象。

在世界上,古代希腊、罗马、印度、希伯来的神话最为丰富,都是自成体系的,而我们中国也有许许多多的神话故事,今天,我们选择重要的几段讲给你们听。

二、开天劈地

传说,最早的宇宙,就像在浓浓的大雾中一样,是一片混沌的状态,在大雾的中央,有一个大大的圆形的蛋,这个蛋的中心,躺着一个男孩子,他睡着了。

有一天,这个男孩子突然醒来了,就想走出这个巨大的蛋,但是,蛋的壳却把他关在里面。于是,他就用一把大斧子,想劈开蛋壳,他一点一点劈,一直劈了一万八千年,才把这颗巨大的蛋从中间劈开了,浓浓的大雾开始变化了,大雾里的清气就向上升,变成了天,浑浊的空气就往下降,变成了地。

这个孩子长大了,他就站在大地上,用双手撑起天,他每天长高一尺,天就被他撑高一尺,大地也加厚一尺。最后,天和地的距离越来越远了,再也合不到一

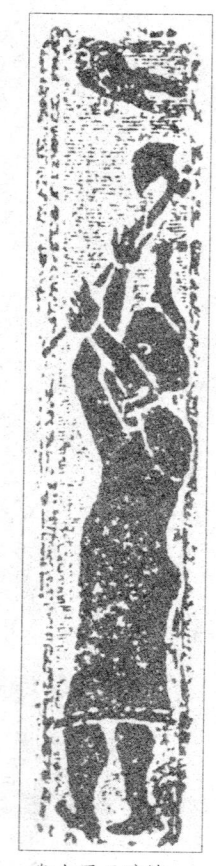

盘古开天辟地,
南阳汉画像石

起,这个孩子也变成了一个非常高大的巨人。但是,他太累了,就"轰隆"一声倒在地上死了。他的左眼变成了太阳,右眼变成月亮,高高地悬挂在天上。他身上的汗毛变成了满天的星星,他吐出的气变成了风,他的喘息

盘古氏

变成了云,他流下的泪水变成了雨。他身体上的肉,变成了山川,骨头变成了矿石,血液变成了江河和大海。

他的名字叫做盘古,是开天辟地的英雄。

三、女娲造人

盘古开天辟地之后,世界上草木生长,鸟语花香。这一天,一个长得非常漂亮,身材像蛇一样柔软修长的女神来到地球上。她想,这个世界虽然已经有许多种动物和植物了,但是,却没有和神长得一样的人生活在这里。于是,

她就用河水和黄土,和成泥巴,仿照自己的样子,捏了一个小人,她把这个小人轻轻放在地上,吹了一口气,小人就活了,在地上快乐地玩耍起来。女神高兴极了,她就坐在河边,不停地捏起小人来,小人越捏越多,他们就向地球的各个地方跑。但是,这个世界太大了,需要很多很多的人,女神着急了,就找了一根绳子,在泥土里一蘸(zhàn),再把绳子在空中一抖,从绳子上抖下来的泥点子,就变成许许多多的人了。

女娲,汉画像石

从此,地球上有了人类,这个用泥土造人的女神,就是我们人类伟大的母亲女娲(wā)。

四、女娲补天

女娲造好人之后,她又教给人们怎样结婚,怎样养育后代，地球上的人越来越多了。女娲还交给人们一种乐器，教人们吹奏起来，人们从此载歌载舞，大地上呈现出一片祥和欢乐的景象。

这时候，水神共工和火神祝融却打起仗来。水神共工和火神祝融是一对老冤家，两个神就不能见面，见了面就会打起来。结果，这一次，火神祝融把水神共工打败了。共工气愤极了，也羞愧极了，他一边大声吼叫，一边用头不停地撞不周山。结果，不周山被撞倒了，这下麻烦了，不周山是支撑天的柱子，共工把天柱撞倒了，天塌下来了，把大地砸出一个大窟窿。天上的雷电掉下来烧着了森林，大地上一片火海，洪水也从河里泛滥出来，地上一片汪洋。各种猛兽也都跑出来残害人类。整个世界就像地狱一样，人民没法再活下去了。

人类的母亲女娲看着人类遭受的苦难，她伤心极了。她赶快想办法拯救人类。

女娲决定把天补起来，她在大江大河里挑选了五种彩色的石头，用大火把石头烧化，她带着这些烧化的石头，一块一块往天上补，最后，终于把天上的大窟窿补齐了。女娲又杀了一只巨大的乌龟,用它的脚代替天柱,竖立在大地四方,从此,天再也不会塌下来了。然后,女娲又去杀死了在灾难时期乘机残害人类的各种怪物,杀死了盘踞在冀州的黑龙,又赶走各种恶禽猛兽,使人类不再惧怕禽兽了。最后,她再把芦草烧成灰,堆积起来,阻塞住了滔天的洪水。

女娲补好天空,填平地洞,灾祸平息了,人类获得重生,大地上又是一片欣欣向荣的景象。

女娲看见她的孩子们生活得很好,自己心里也很高兴,她又造了一种叫"笙(shēng)簧(huáng)"的乐器,这种乐器有十三根管子,插在半截葫芦里,吹奏起来,美妙动听。

伏羲和女娲画像石,
永城太丘蔡庄村西北

女娲把笙簧当做礼品送给她的孩子们,从此人类的生活就过得更快乐了。所以,我们伟大的母亲女娲也就成了音乐之神。

女娲创造了人类,拯救了人类,我们伟大的母亲女娲也累死了。

女娲死后,她的一条肠子,变成了十个神人,住在栗(lì)广之野,他们的名子就叫做"女娲之肠"。

另外,有一种传说,女娲并没有死,而是乘坐着雷车,驾着应龙,白象在前开路,腾(téng)蛇在后跟随,黄云簇(cù)拥着她的车子,天地鬼神都跟随在车子的后面,她去了天上,住在天上的宫殿里。

五、精卫填海

相传,炎帝有两个女儿,大女儿叫瑶(yáo)姬(jī),小女儿叫女娃。女娃长得美丽极了,大大的眼睛,长长的睫毛,红红的嘴巴,她的父亲炎帝和叔叔黄帝都非常喜欢她。

有一天,女娃太想出去玩了,她就一个人偷偷地跑出王宫，找到一条小船，把船划到大海里去了。女娃越玩越高兴，就把船划得越来越远。突然，一阵狂风吹过来，海上掀起了巨浪，巨浪一下子就把小船打翻了，女娃也掉进水里，她拼命挣扎，但是海浪太大了，不一会儿就把她淹死了。她的姐姐瑶姬发现妹妹不见了，就到处找，最后，也没有找到女娃。

女娃被淹死了，她想念爸爸、妈妈和姐姐，也想念叔叔黄帝，她不愿意死，她痛恨这无情的大海夺去了她的生命，她要找大海报仇，她要用石头填平大海。

于是，女娃的魂魄就变成了一只花脑袋，红爪子，白嘴巴的小鸟，每天"精卫、精卫"地叫着，她从发鸠（jiū）山上衔（xián）来小石子，飞向东海，投入大海里。就这样，年复一年，日复一日地坚持着。人们看到这不断飞来飞去，发出悲哀鸣叫的小鸟，就都把她叫做"精卫鸟"。

五、后羿射日

传说在东海边，居住着十个太阳，按照规定，他们每天只能有一个在天空中值班巡视，给大地送来光明和热量。但是，尧（yáo）帝时代的某一天，这十个太阳却突发奇想，想一起在天空中周游、玩耍，于是，他们就一起跑上了天空。十个太阳在空中追逐、嬉戏，这一下大，地上的树木、庄稼，都被晒死了，甚至连大江大河都晒干了。人们只好躲进山洞里，连喝的水都没有，许多人都渴死了。

尧帝非常着急，就找来英俊威武的箭神后羿（yì），命令他去射落这些调皮的太阳。后羿一路跋（bá）山涉水，来到东海边，他躲在大树后面，静静地等待着。第二天，十颗太阳又同时跳出了海面，后羿弯弓搭箭，瞄准其中的一颗，只听"嗖"的一声，一颗太阳应声而落，其他几颗太阳都惊呆了，就都呆呆地站在那里。后羿眼疾手快，又迅速射落了八颗太阳，只剩下一颗最小的太阳躲进水里不敢出来了。

太阳不出来，大地上又变成一片黑暗和寒冷了，尧帝去找天神，天神就命令最后这一颗太阳每天按时升上天空。尧帝就让公鸡执行给太阳发命令的任务。每天，公鸡鸣叫第一次的时候，太阳就要起床，鸣叫第二次的时候，太阳就做好准备,鸣叫第三次的时候,太阳就升上天空了。

六、夸父逐日

传说,在远古时期,有一个叫做夸父的人,他看到每天太阳都从东边升起,大地就一片光明,又在西边落下去,大地就一片黑暗。夸父想,如果能追上太阳,大地上就不会有黑暗了,就会永远光明。

于是,夸父就开始追赶太阳,一直追到太阳落山的地方,他跑了几万里,口渴极了,就跑去喝水,他一口气喝干了黄河的水,又喝干了渭河的水。但是,他还是口渴,他就往大湖边跑,想去喝湖里的水。但是,大湖太远,他还没有跑到湖边,就在半路上渴死了。

夸父死的时候,他的手杖还插在地上。后来,那手杖竟然活了,变成一颗桃树,开满了桃花,结满了桃子。再后来,那棵桃树,竟然繁衍出一片郁郁葱葱的桃林来。

七、嫦娥奔月

箭神后羿有一次到山中打猎，在一棵月桂树下，见到了美丽的姑娘嫦（cháng）娥（é），他就爱上了嫦娥，向嫦娥求婚，嫦娥答应了，他们就结为夫妻。

过了很多年，后羿担心自己和嫦娥会死去，他就去找西王母，西王母就给他一种长生不死的药，后羿高高兴兴地带着药回来了。他把药交给嫦娥，让她保管起来，等他们将来老了，快死的时候，再吃掉那些药，就不会死了。

但是，后羿得到长生不老药的消息让他的徒弟逄（féng）蒙知道了，逄蒙就想盗窃这些药，自己吃了，长生不老。他就偷偷来到后羿家

西王母，汉画像石，
山东临沂南北寨村

中,正遇上嫦娥,他就逼着嫦娥把长生不老药交出来。嫦娥迫不得已,仓促间就把药一下子全部吃到自己嘴里。结果,嫦娥就长出了翅膀,飞到天上去了,一直飞到了月亮上。

月亮上有一个宫殿(diàn),叫做广寒宫。嫦娥就住在那里,那里只有一个叫做吴刚的樵(qiáo)夫和一只小玉兔。嫦娥思念后羿,她就让吴刚砍伐桂树,让玉兔配药,她要再飞回来与后羿团聚。但是,小玉兔始终都没有配好药。

嫦娥,(明)唐寅绘

后羿知道嫦娥飞到天上去了,也很思念嫦娥。于是,他就去找月亮之神,月神就允许他们在月圆的时候,在桂花树下相会。后来,好多人都说,每逢月圆之夜,在桂花树下,都可以听到嫦娥和后羿说话的声音。

八、神话和传说

孩子们,在我们中国还有许许多多的神话,我们今天讲述了几个流传最广,对我们影响最大的神话。另外,在民间,还有许多传说,这些传说都带着神话的色彩,但是,由于许多都是后代人自己创作的,就不能算真正意义上的神话了。

伏　羲

一、燧人氏之子

伏羲（xī）是我们中国远古时代三皇的第一位，被人们称为天皇，就是懂得天道的人。他的爸爸叫做燧（suì）人氏。也有人说，燧人氏不是一个人的名字，而是一个氏族部落。伏羲就出生在燧人氏这个时代。这个部落姓风。

在伏羲出生之前，燧人氏发明了钻木取火，这是人类一次伟大的进步。

更古老的年代，人类不知道利用火来做饭、照明。人都吃生的食物，生的食物细菌很多，容易传染疾病，而且，生的食物容易腐烂变坏，人吃了，就会得病。所以，那

伏羲女娲画像石，
1995年文物普查时在永城太丘蔡庄一村民院内发现

时的人寿命都非常短。

那时候，天打雷闪电时，雷电偶然会把森林或者草原点燃，燃起熊熊大火。人们非常害怕，就四处逃散。但是，有一个人，他并不害怕，大火熄灭之后，他就到火烧过的地方去查看，他发现，火烧过的动物肉更好吃，于是他就叫大家来吃火烧过的动物肉，结果，这些动物肉不仅好吃，而且吃了还容易消化，不得病。后来，大家都用火来烧烤动物的肉吃。但是,打雷闪电引起的大火,过一段时间,就灭了,人又得去吃生的东西。于是,这个人就想办法找火种。有一天,他路过一片树林,看见一只鸟在一棵树上啄,那只鸟啄的时候,竟然把树木碰出火花来。这个人就想,如果用树枝或者石头在木头上碰,说不定也能碰出火花来。他就反复试验,最后,他终于发现,用石头在木头上钻,时间长了,木头就会发热,就会燃烧起来,人就有火可以使用了。这个发现很伟大,从此,人类可以用火来做饭、照明、驱赶野兽。再后来,人类学会种地了,就用火来烧掉杂草,开荒种地。人们把这个发明了钻木取火的人叫做"燧人氏",他是带给人类火种的圣人。

伏羲就是燧人氏的儿子。

二、神秘出生

在远古的燧人氏时代,有一个地方叫做华胥国,华胥(xū)国有一位美丽的姑娘。有一天,这位美丽的姑娘到一个叫雷泽的地方去玩,她突然看见前面有一个巨大的脚印，觉得很好奇，想看看巨人的脚印比自己的脚大多少，便站在脚印上，她回到家中不久，就怀孕了，十二年之后生下一个儿子，这个儿子的身体是蛇的身体，却长了一个人的脑袋，爸爸燧人氏给他取名，叫做伏羲。

伏羲，
选自《历代帝王圣贤名臣大儒遗像》

其实，伏羲也不会长成蛇的身子，这些奇怪的传说，是因为古代人对动物非常崇拜，认为动物都有神的力量，所以，就把许多伟大的人说成动物的样子。

伏羲慢慢长大了，他高大威风，而且非常聪明，燧人氏老了，就让伏羲做了部落的领袖。

三、文明始祖

伏羲首先把各个部落的人团结起来,而且第一次把部落的都城固定下来。

伏羲取蟒蛇的身,鳄鱼的头,雄鹿的角,猛虎的眼,红鲤的鳞,巨蜥的腿,苍鹰的爪,白鲨的尾,鲸的须,创立了中华民族的图腾——龙,我们中国人都是龙的传人,就是从伏羲开始的。

伏羲创造了八卦。在伏羲之前,我们中国没有文字,伏羲把大自然中的八种不同的事物,用八种不同的符号来描画。用"—"代表阳,用"- -"代表阴,然后,根据阴阳变化组合成八种不同的图形,分别代表天、地、风、雷、水、火、山和泽。这是我们中国最早的文字,也是中国文化的发源,所以,伏羲是中华文明的开创者。

伏羲还根据蜘蛛结网的办法,发明了捕鱼的渔网,他亲自带领人民,到河边结网捕鱼。

伏羲发现,人们狩猎时捕获的动物,可以养起来,而且,动物还可以继续繁殖。食物多的时候养着,缺少食物的时候,再杀掉吃肉,于是,人类就有了家畜饲养。食物的来源一下子丰富了。

伏羲为了防止人们近亲繁殖,导致人的素质下降,他倡导男聘女嫁的婚俗礼节,使过去在一个氏族部落内男女婚配的血缘婚,改为族外婚,结束了长期以来,子女只知其母不知其父的原始群婚状态。

据说伏羲还发明陶埙、琴瑟等乐器,创作乐曲歌谣,将音乐带入人们的生活。

四、各民族共同的祖先

在中国,不管是中原的华夏民族,还是南方各个民族,都把伏羲认做自己的祖先。

伏羲在历史上被称作"三皇之首""百王之先"。他对中华民族的文化形成和国家创立都作出了伟大的贡献,人们世世代代纪念他。后人把伏羲称作"太昊",太就是大,昊就是像天一样广阔,意思就是说伏羲是像天一样广阔伟大的人。

炎　帝

一、神奇身世

传说在五六千年以前，有一个地方叫做有熊国，有熊国的国君叫做少典，他娶了有蟜（jiǎo）国姐妹两个女人做妻子，其中一个叫做女登，另一个叫做附宝。

有一天，大妻子女登出去游玩。忽然，有一条神龙，从天上飞下来，

炎帝，选自《历代帝王圣贤名臣大儒遗像》

缠在她的身上，后来，女登怀孕了，生下一个男孩，这个孩子的头像一个牛头，大大的眼睛，粗大的鼻子，三天就会说话，五天就会走路，七天就长了牙齿。更奇怪的是，他的身体是透明的，五脏六腑都可以看得清清楚楚，而且他性如烈火，脾气暴躁，力大无穷。他的爸爸少典见他长得很怪，脾气又不好，就不喜欢他，让他妈妈把他带到姜水河畔生活，所以他以后就姓姜了，这个地方在现在陕西省西部宝鸡一带。他后来当了部落的首领，很会种庄稼，大家就称他为"神农氏"。那时候，开荒种地都要用火烧掉杂草，他最会用火，所以大家就称他为"炎帝"。这时候，这个"帝"不是指后来的"皇帝"，而是指智慧高超，能感知天地规律，并且品德高尚，能领导人民过上好日子的人。

二、农业之神

炎帝做了首领，他看到人们每天都要到森林里去打猎；到山上去逮鸟；到河里去捕鱼。打猎的人常常被动物咬伤或者吃掉；逮鸟的人也常常被毒蛇咬死；捕鱼的人常常几天捕不到鱼。大家就只好饿着肚子,炎帝很着急,他想,怎样才能让人们吃饱饭呢?

据说,有一天,炎帝到树林中去。有一只美丽的小鸟飞过来,把一颗种子吐在炎帝手中,炎帝把这颗种子带回家,种在泥土里。过了一段时间,这颗种子竟然发芽了。又过了一段时间,开花了,还长出了长长的穗子。后来,炎帝把这个穗子上结的颗粒在手中碾碎,他尝了尝,很好吃,他就让人们把剩余的颗粒种在地里。后来,这些种子都发芽结果了。于是,人们就不断地种植,越种越多,人们就吃这些植物的果实。炎帝一共发现了五种植物可以种植,而且很好吃。那就是谷子、豆子、高粱、小麦和水稻,这五种植物,叫做"五谷",也是我们现在常吃的粮食。

那时候,人们种地没有工具,都是用石头在地上砸,每天只能砸开很少的土地,而且很费力气。炎帝很着急,他就想办法,他发现,给一块薄薄的石头上绑上一根木棍,人干活的时候,把木棍握在手中,就不用蹲在地上了,而且通过木棍使劲,就可以把石头插到泥土里去,炎帝就教人们制作这种工具,并且给这种工具取个名字,叫做"耒

（lěi）耜（sì）"。有了耒耜这种工具，人们种地的速度更快了，地越种越多，粮食也越产越多，人们再也不用冒险去打猎捕鱼了。农业变成了人们最主要的生活来源。

炎帝还发现，人们打猎时捕获的活的野兽和飞鸟，可以在家中养起来，这些动物可以继续生育小的动物，

炎帝神农氏"耜耕像"，东汉武梁祠画像石

而且，有的动物还可以帮人们干活，比如狗可以帮人们看家，防止别的动物进攻，牛可以帮人们驼运东西。猪、羊、鸡可以养起来吃肉。于是，炎帝就让人们把这些动物养在家里，叫做"六畜"，人类的饲养业也开始了。

人们种地收获的粮食越来越多，饲养的六畜也越来越多，吃不完，用不完，炎帝就让人们在一个固定的地方，去交换。用自己不需要的，去换需要的东西，这样，就有了最早的市场。人们在市场上不但交换自己需要的东西，还

可以互相传播种地和生活的知识和经验。

炎帝部落的粮食越来越多，人口也就越来越多。他们和炎帝的弟弟黄帝部落，发生了战争，最后，黄帝把炎帝部落打败了，炎帝部落就和黄帝部落合并在一起了。

三、中医之神

炎帝部落和黄帝部落合并后，炎帝专门研究给人治病的医术。

炎帝之前，人们得了病或者受了伤，就会死去，因为没有药可以治病，人的寿命很短。炎帝就开始寻找治病的药。

据传说，炎帝的女儿名字叫做花蕊。有一年，花蕊公主得了病，炎帝把十几种植物的果实给她吃，结果，花蕊公主的肚子里竟然飞出一只透明的鸟来。这只鸟和炎帝一样，身体都是透明的，五脏六腑从外面都能看得清清楚楚。于是，炎帝就给这只鸟取名叫做"花蕊鸟"。他就带着花蕊鸟，到各地去，他决心要把每一种植物的叶子和果实尝一遍，从中找出可以治疗各种疾病的药物来。

炎帝先把植物的叶子和果实，喂给花蕊鸟来吃。他可以观察那些植物的果实和叶子，进入花蕊鸟的肚子里，会发生什么变化。他首先发现一种植物的叶子，可以解毒，就把它叫做"茶"。再后来，他发现许多可以治病的植物，他就一个个记下来。有时候，植物的果实和叶子太大，花蕊鸟吃不下去，炎帝就自己吃下去，他很多次都被有毒的植物毒昏倒了，多亏茶可以帮他解毒。炎帝醒来后，继续到各地去尝各种植物。

炎帝走遍了千山万水，他尝过的植物也有几千种，他

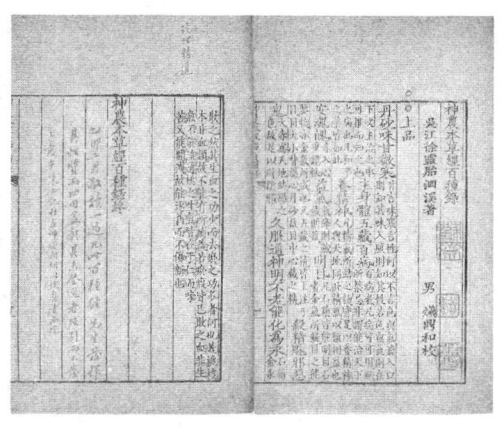

《神农本草经》书影

把每一种植物的作用都记下来,哪一种可以治病,哪一种有毒;哪一种可以当粮食吃。他记下来的这些内容,后来成为一本书,叫做《神农本草经》。这本书非常珍贵,至今仍是我们中医的重要典籍。

炎帝在各地奔波几十年。有一年,他在太行山上,给花蕊鸟喂食全冠虫,这种虫子毒性太大,把花蕊鸟毒死了。后来,炎帝在百草洼尝一种草,结果,这种草毒死了炎帝。炎帝死后,人们发现,炎帝的肠子都被这种草的毒汁腐蚀断了,人们就把这种草叫做"断肠草"。

四、名垂千古

炎帝是我们中华民族伟大的开创者之一。他发明的

炎帝升仙图,汉画像石

农业，解决了人们吃饭的问题。我们中国自古就是农业国家，我们国家的文明和文化，都是炎帝神农氏开创的。他发明了中医和中药，挽救了无数人的生命。我们中华民族历经几千年都不灭亡，经过无数次瘟疫都不灭绝，这都是炎帝作出的伟大贡献。

　　直到现在，人们依然怀念着炎帝。很多地方都有纪念炎帝神农氏的祠堂和庙宇，在这些地方，你都会看见炎帝一手拿着花草，一手托着花蕊鸟的画像。

黄　帝

一、炎黄子孙

我们中国人不管走到哪里，都会自豪的说，我们是"炎黄子孙"，他的意思是说，我们是炎帝和黄帝的后代。

传说在五六千年以前，有一个地方叫做有熊国，有熊国的国君叫做少典，他娶了有蟜（jiǎo）国

黄帝，选自《历代帝王名臣相》

姐妹两人做妻子，其中一个叫做女登，另一个叫做附宝。

你是不是觉得很奇怪，远古时代的国家怎么都用动物来命名呢？有熊国，有蟜氏，都有一个动物在其中，熊我们现在还能看到，蟜是一种会飞的小虫子。有人说它像蜜蜂，现在已经消失了。

远古时代的人用动物、植物或者想象中的物种来为自己的国家命名，那是因为，原始社会的人，都对大自然很崇拜。每个国家或者部落都用一个动物或植物来作为自己的保护神，有的甚至还认为自己是这些动物或者植物的后代，这就叫"图腾"崇拜。

有熊国、有蟜氏前面都有一个"有"字，这个"有"字，最早写作"ᔔ"，上边是一个"又"，它代表人的手，下面的"月"字，其实不是月亮，而是"肉"，代表人的身体，手加上身体，就是一个人的全部，它表示曾经存在过的真实的事情。所以，后来的人说过去的国家或者部落，都在它的名字前面加一个"有"字，表示它曾经真实存在过，比如"有熊国""有蟜氏""有莘国"等等，当然还有很多。

有一天，少典的大妻子女登出去游玩。忽然，有一条神龙，从天上飞下来，缠在她的身上，后来，女登怀孕了，生下一个男孩，这个孩子就是我们前面说的炎帝神农氏。

少典的小媳妇附宝，有一天晚上，她也到野外游玩，突然，一道闪电缠在她身上，很久都不离开，最后，附宝被吓得昏过去了，闪电才重新飞到天上，绕着北斗星飞走了。附宝后来怀胎二十五个月，生下一个男孩子，长得非常英俊，爸爸少典非常喜欢，就带着他在姬水河岸边生活。这个姬水河就在今天陕西省武功县一带。

附宝生的这个孩子，是国君少典的儿子。国君也称王公，他是王公的子孙，他就姓公孙。又因为他生活在姬水河边，他又改姓姬，还因为他住在姬水河边的一个叫做轩辕的高坡上，他就取名轩辕。后来，他长大了，当了有熊国的国君，他在黄土地上耕耘，创造文明，有土德之瑞，也就是说，他有黄土那样的品德，生长万物，养育人民，所以人民就把他叫做黄帝。

简单地说，就是有熊国国君少典的两个妻子，分别生了一个孩子，他们后来都做了国君。一个叫做炎帝，另一个叫做黄帝。后来,黄帝的国家和炎帝的国家合并了,他们的后代一代一代繁(fán)衍(yǎn),人越来越多,居住的地方越来越大,一直繁衍了五六千年,繁衍成一个伟大的民族,叫做中原华夏族,简称中华民族。我们都是黄帝和炎帝的子孙,也就是炎黄子孙。

二、创造文明

黄帝当了有熊国的首领之后,他就想办法把国家治理好,让人民过上好日子。

那时候,人民还生活在原始时代,靠打猎或者采摘野果为生,打猎非常危险,人们常常会被动物吃掉,采摘野果也只能在秋天,冬天一到,野果子也就没有了,许多人会饿死。黄帝就带着他身边的人想办法,黄帝发现,有许多植物的种子可以收集起来,在土地上耕种,等收到更多的种子,就把它存起来,在没有东西吃的时候,拿出来磨成面粉吃,于是,原始的农业开始了,黄帝发现了五种植物可以种植,就是"黍(shǔ,糜子)、稷(jì,小米)、菽(shū,

豆子)、麦、稻",这五种植物被称为"五谷",一直种植到现在。就是黄帝发现的"五谷",养活了我们中华民族。黄帝还发明了许多农具,他把石头砸成各种形状,装上木把子,用来翻地、收割。

黄帝带着他的随从,到处跑着教人们制作农具、种地、收获,人们慢慢也就吃饱饭了。但是,人民没有衣服穿,身上都裹着兽皮或者树叶,冬天冻得瑟瑟发抖。黄帝和他的妻子嫘(léi)祖(zǔ),发现了用蚕吐的丝可以制作衣服,他们带人到处教人民种桑养蚕,他们还发现麻的丝也可以制作衣服,他们就教人们种麻。

黄帝担心人民不知道在什么时候耕种,在什么时候收获,他又观察季节的变化,编制了历法。历法就是把一年分成季,把一季划成月,把一月分成天,每一季每一月每一天该干什么,都规定得清清楚楚,人民就按历法来种地、养蚕、种麻。为了算好时间,黄帝还发明了数字,于是,就有了算数。

人民的衣食问题解决之后,黄帝很高兴。但是,那时候人民有的住在树上,有的住在山里的石洞里。住在树上，老人孩子上下很不方便，而且还会发生火灾，住在石洞里很潮湿，也很黑暗，野兽也会进来攻击人类。于是，黄帝就和他的手下，设计房子，用土石做围墙，用木板做门窗，屋顶盖上茅草，人们住在里面，再也不怕风吹日晒和野兽进攻了。

那时候，大地上江河小溪很多，人们出行很不方便，过河要靠游泳，许多人会被河里的动物吃掉，有的会被淹死。于是，黄帝就设计造船，他发现木头可以漂在水上，他就指挥用木头造船。有了船，人们就可以划着船过河了。不但减少了危险，而且还可以带上许多东西。

为了运送更多的东西，黄帝还设计制造了车。用木头做车厢，再装上车轮，车上可以运很多东西，再也不用肩膀背了。

黄帝觉得人民还应该有文化，有文化才能更好地掌握生产技术。于是，黄帝让他的随从仓颉创造文字。有了文字，就可以记录很多重要的事情。就不用很辛苦的跑到各地去教导人民了，可以通过文字写成命令，叫人民安居生产。

黄帝还发明了乐器。有了乐器也就有了音乐，音乐能抒发人的感情，人们在一起演奏乐器，一起歌唱，就会互相亲近，而且劳动的时候唱着歌，干起活来更加有力气。

黄帝发现，人们有时候会得病，也会受伤，不治疗就会死去。黄帝爱人民，他很着急，就和他的手下岐伯一起想办法，发明了医学，用草药或者用针灸给人们治病。

黄帝有了这些伟大的发明，他国家的人民过上了幸福的生活，他国家的人民越来越多，国家也就越来越强大。由于他的伟大功绩，后人都尊称他为"人文初祖"和"文明之祖"。

三、统一华夏

黄帝在有熊国治理国家的时候，他的哥哥炎帝也在姜水河边治理自己的国家。炎帝也很伟大，他也很会种地，也发明了许多农具，也发明了医学，他的国家也很强大。由于黄帝和炎帝的国家都强大了，人民越来越多，就都需要更多的地方居住，需要更多的土地耕种。于是，他们为了争夺土地，就常常打架，发生冲突。两个国家仇恨越来越深，最后，终于爆发了战争。战争就是很多人一起打架。

　　黄帝和炎帝率领各自的军队，在阪泉这个地方决战。黄帝率领以熊、罴（pí，棕熊）、狼、豹、貙（chū，狸猫）、虎为图腾的六部军队，列开了阵势。炎帝最会用火，他趁着黄帝没有防范，发起火攻，顿时，浓烟滚滚，大火熊熊，黄帝的许多士兵被烧死了，黄帝赶快让他的手下大将应龙用水灭火。然后，黄帝的军队发起进攻。黄帝很仁慈，他让他的士兵，只和炎帝斗智斗勇，而不伤害炎帝的生命。黄帝竖起七面大旗，摆开了星斗七旗战阵。炎帝带领军队反复进攻，都不能打破黄帝的七旗战阵，双方僵持了三年。最后，黄帝派人挖了一条地道，派士兵从地道里悄悄进入炎帝的营帐，活捉了炎帝。兄弟二人重新相见，炎帝决定和黄帝携手组建一个新的国家。于是，二人重新和好，两个国家也合并在一起了。炎帝虽然顺从了黄帝，但是他依然管理自己原来地方的人民。

　　过了几年，从北方来了一个更强大的国家，他们的首领叫做蚩尤（chī yóu）。蚩尤有八十二个兄弟，个个英勇善战，他们的士兵都很凶狠，一路抢夺财物和人民，他们首先冲进了炎帝管理的地方，把炎帝的军队打败了。炎帝赶快跑去请黄帝帮忙，于是，黄帝就率领军队，和蚩尤在涿鹿这个地方决战，这个地方在今天北京市一带。

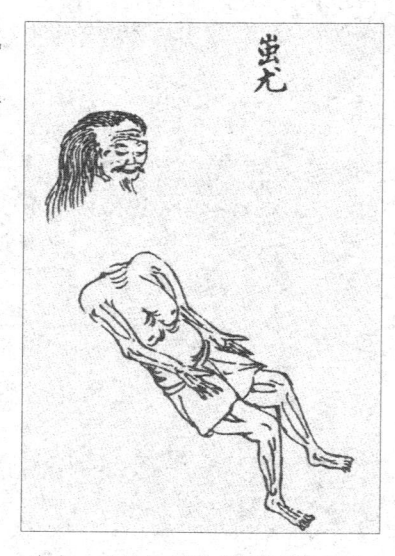

蚩尤，（清）汪绂《山海经》图本

　　黄帝与蚩尤的战争延续了很久。黄帝首先让应龙用水攻击蚩尤，应龙就用水淹蚩尤的军队，这时候天上刮起大风，下起大雨，黄帝的军队也被水淹了。过了一段时间，风雨停息，天上却突然弥漫起了大雾，黄帝的军队在大雾中迷失了方向，于是，黄帝利用磁石可以指向南方的原理，发明了指南车，黄帝的军队在指南车指引下，才走出大雾。

　　天晴之后，黄帝指挥军队，冲向蚩尤的军队，蚩尤战败了。

黄帝让蚩尤和他的军队投降，蚩尤的人民从此也归黄帝领导了。黄帝、炎帝和蚩尤三个国家合并了，组成一个更加强大的国家。

四、奠基中华

黄帝统一几个国家后，就管理着一个巨大的国家，疆域东到大海（东海），西到昆山（今甘肃河西走廊一带），北到塞北（今蒙古高原一带），南到江南（长江以南一带）。这么大的国家，怎么管理呢？于是，黄帝就把全国分为九个州，有冀（jì）州、兖（yǎn）州、青州、徐州、扬州、荆州、豫州、梁州、雍（yōng）州。从此，"九州"就成了中国的代名词，不管以后中国的疆域怎么变化，都称为"九州"。

黄帝设置官职，选派有道德、有才能的人当官，管理人民，为人民服务。黄帝不允许官员利用权力给自己谋私利，不允许官员贪图享受，贪污腐败，要求官员节俭朴素。

黄帝提出以德治国，就是要官员有好的品德；要惟仁是行，就是要实行仁爱的政策，对百姓不好的官员，贪污腐败的官员，轻的流放，重的杀头。

黄帝把国家治理得很好，人民生活富裕幸福。这时候，他自己也已经很老了。

这一年，黄帝来到荆山之上，他命令手下的人采来首山的铜，铸（zhù）造了一个非常高大的大鼎（dǐng），在大鼎上铸造上文字，记录他一生的经历，写上他治理国家的制度，写上他希望天下和平人民幸福的期盼，写上希望上天保护人民的祷告。经过几年时间，大鼎终于铸造成了，但是，我们伟大的黄帝却逝世了。黄帝铸鼎的地方在今天陕西省富平县和三原县交界的荆山上。

据说，黄帝逝世的时候，天上有一条垂着胡须的老龙来迎接黄帝。黄帝骑在龙的背上，但是他手下的大臣和人民不愿意让黄帝离开，大家都伤心地哭泣，就一起抓住老龙，有的爬到老龙身上去了，老龙挣扎着飞起来，就有七十多个人跟着黄帝飞到天上去了，还有许多人拽（zhuài）断了老龙的胡须，掉在地上。

这只是一个传说，说明人民热爱黄帝，他们不希望黄帝死去，而是盼望他成为一个神仙，永远活着。

黄帝死了，他的遗体安葬在黄帝陵里。黄帝陵在今天陕西省黄陵县境内。历朝历代，只要是英明的皇帝或者政府，都要在清明节或者黄帝生日，也就是农历二月二的时候，举行大典，纪念黄帝。

黄帝陵

炎帝和黄帝是我们中国的创始人，是我们中华民族的父亲。孩子们，不管你走到哪里，你都不能忘记，你是炎黄子孙，是人类最伟大的黄帝的后代。

我是流着眼泪告诉你们这些话的，你们一定要记住。

尧 帝

一、黄帝后代

黄帝建立国家后,他的子孙继承他的事业。黄帝去世之后,黄帝的重孙子颛(zhuān)项(xū)继承帝位,颛项去世,颛项的侄子帝喾(kù)继承了帝位。帝喾的妃子陈锋氏女,生了两个儿子,一个叫做挚(zhì),另一个就是尧。

尧和黄帝一样也姓姬,他的本名叫做放勋,但是因为他出生在伊祁山,又姓祁;他开始被封在陶这个地方做侯爵,后来又改封到唐这个地方做侯爵,所以又称做陶唐氏。"尧"是他去世后,人们给他的尊称。

帝喾去世前,就指定年龄最大的儿子挚继承帝位。但是，挚为人比较平庸，没有才干，而他的弟弟尧却很能干，尧13岁时就受命帮助挚治理国家。

尧非常聪明，他对父母非常孝顺，对兄弟姐妹也非常敬爱，对天下百姓也很仁慈，所以他的美名传遍天下。于是，大臣们都要求尧来管理天下。挚也觉得自己不如弟弟能干，就将帝位让给尧来做。

尧帝，
选自《历代帝王圣贤名臣大儒遗像》

二、尧帝挖井

尧登上帝位的时候才16岁。那时，正好遇上干旱时期，许多河流都干涸（hé）了，没有水，庄稼都枯死了，人民没有饭吃，尧很着急，他就想办法解决水的问题。

尧亲自带人，跑到地里视察。他发现，有许多蚂蚁成群结队往地下钻，尧就想："蚂蚁住在地下，也是要喝水的，否则，蚂蚁也就渴死了。这说明，地下是有水的。"尧于是命令人，在地上挖一个洞，一直往下挖，当挖到第九十天的时候，挖出了一眼清泉，泉水汩汩（gǔ gǔ）往外冒，大家都高兴极了。于是，尧命令天下人都开始挖井抗旱。

尧，选自《乾隆年制历代帝王像真迹》

　　在尧发明挖井之前，人民为了喝水方便，都住在河边上。有时候发洪水，人民就会被冲走，有的人也会被淹死。自从有了井，人民就可以远离河边居住，就更安全了。有了井，也就有了村庄，村庄里人口越来越多，也就有了后来的城市。所以，我们现在的城市，也叫做"市井"。这不能不说是尧对于人类的伟大贡献。尧带人挖的第一口井，叫做"尧井"，在今天山西省临汾市。

三、仁爱天下

尧为人非常仁慈,他非常关心人民的生活,他担心他远离人民,听不到人民的声音,他就在他住的宫殿门前,放上一面大鼓。谁要对国家的事情发表意见,都可以来敲这面鼓。尧听见了,就会请敲鼓的人到宫殿里去,听他的意见。这面鼓叫做"谏鼓"。

如果有人提意见说,国家的税收太多,尧就下令减轻税收;如果有人说欺骗人的人太多,尧就下令禁止欺骗。

尧还担心别人不好意思当面批评自己,就在宫殿前栽了一个木桩,让人民把对自己的意见,写在木桩上,这木桩就叫做"谤(bàng)木"。有人说,现在天安门前的华表,就是尧当年立的谤木变化来的。

尧根据大臣和人民的建议,制定国家法律。

尧说:"天下的人民,如果有一个人挨饿,那就是我做的不好,让他吃不饱;如果有一个人受冻,也是我的过错,让他穿不暖;如果有一个人犯罪,也是我没有教育好人民,让他犯罪,是我害了他。"

尧就是这样无微不至地爱护关心人民，他当国君的时候，国家对人民只收少量的税收，他也很少让人民给自己盖房子或宫殿。

他每次吃饭，都用粗糙的陶盆，饭菜也是最简单的。尧说："只要天下人民能吃饱饭，我自己吃差一点，我也高兴。"

尧的美好品德，受到人民的赞扬，人民安居乐业，天下和谐一致。

四、敬授民时

虽然黄帝创造了历法，但是，历法却很简单。尧根据人民的要求，决定重新制定历法。

尧命令他的四个大臣羲氏兄弟与和氏兄弟去观察日月星辰的运行规律，根据这些规律来编订历法，然后让天下人按照时令来组织生产，这就叫"敬授民时"。

尧派羲仲到东方去，让他在大海边一个叫做旸（yáng）谷的地方，观察日出的时间，把白天和夜晚一样长的那天记录下来,定为春分;又派和仲到西方去,在一个叫昧(mèi)谷的地方,观察日落,把白天和夜晚一样长的那天记录下来,作为秋分;又派羲叔到南方去,在一个叫明都的地方,观察太阳由北向南移动的规律,把白天时间最长的那天记录下来定为夏至;再派和叔到北方去,在一个叫幽都的地方,观察太阳由南向北移动的规律,把白昼最短的那天记录下来定为冬至。

尧在人类历史上第一次确立了二分和二至,二分就是春分和秋分,二至就是冬至和夏至,于是,就有了春夏秋冬四个季节。尧决定以366天为一年,每三年有一个闰月,用闰月调整历法和四季的误差。从此,我们中国的历法准确地指导农民按时耕种,这是中国对人类做出的伟大贡献。

五、辛苦治水

尧登上帝位很多年后,地球进入多雨期。天上不断降下大雨,河水经常泛滥成灾。河水冲毁了庄稼,淹死了很多百姓。

尧心里非常着急，就召集大臣们商量，怎样治理洪水。

尧叹息说："哎呀！洪水滔天，淹没土地，人民非常忧愁，谁能领导人民治理洪水呢？"

大臣们商议后，推荐了鲧（gǔn），鲧本名叫做姬姒（sì），是颛顼帝的另一个儿子，是尧的叔叔。

但是尧认为，鲧这个人平时不太听话，而且非常傲慢，名声不好，不适合担当大任。但是大臣们都说，除了鲧，再没有合适的人了。于是，尧只好让鲧去领导人民治水。

鲧带领人民，到处修堤坝拦截洪水，但是，他修的堤坝越高，水也越聚越高，最后，大水把堤坝冲毁了。鲧治水九年，一直没有办法把洪水制止住。尧非常失望，也非常伤心。

六、禅让退位

尧慢慢老了，他觉得洪水泛滥，是上天对他的惩罚，是自己无能，对不起天下百姓，他就决定退位，让更有才能有道德的人来继承他的帝位，这就叫禅让。

尧四处打听,他听人们都说许由是一位有才能有品德的人,隐居在箕(jī)山里,尧就带人到箕山里去找许由,找了许多天,终于见到许由了,尧真诚地对许由说:"先生啊!如果日月高挂在天空,那么火把就是多余的了;如果天上下起大雨,那么人工浇灌就是多余的了。现在有您这样有才能有品德的人,我白白占着帝位干什么呢?这不是尸位素餐吗?还是请您出来治理天下吧!"

尸位素餐比喻空占着职位而不做事,白吃饭。

许由说:"我看算了吧。你治理天下已经很好了,我再出来,难道是为了博得名声吗?名声这东西,我实在用不着。打个比方吧,就算一大片树林都归鹪(jiāo)鹩(liáo)鸟所有,它也不过在一根树枝上筑巢;就算一整条大河都归

许由洗耳,任熊版画

鼹（yǎn）鼠所有，它喝的水也不过充满它的小肚皮，我要那么大的好名声干什么呢？你还是回去吧！就算厨师不做饭，管祭祀的人也不该代替他去准备酒菜呀！那是'越俎（zǔ）代庖（páo）'呀！"

越俎代庖比喻超出自己业务范围去处理别人所管的事。

尧要把天下让给许由，许由没有接受，后来，尧又要把天下让给子州，子州也没有接受。

最后，尧只好招集大臣们来商议，大臣们都说："您的儿子丹朱就可以继承您呀。"

尧摇摇头说："我最了解我的儿子，他为人傲慢无礼，虽然聪明绝顶，但是却不善于团结人，他不适合做我的继承人。"

丹朱是尧的长子，因为出生时全身通红，尧就给他取名"朱"，朱就是红颜色的意思，又因为他封在丹江之地，所以叫做丹朱。丹朱从小聪明，智慧极高，他创造一种游戏，就是后来的围棋。他是围棋的发明者和始祖，但是他个性刚烈，脾气很坏。所以，尧认为他是"不肖子孙"，也就是不像自己的一个坏孩子。尧就不让丹朱继承，他要寻找更有道德有才能的人。

尧最终找到了舜(shùn)。

舜的原名叫做姚重华,他从小死了母亲,他的父亲又娶了一个妻子,生下一个儿子,名字叫象。舜很小就要劳动干活,养活全家。但是他的父亲却宠爱后妻和小儿子,三个人都想杀死舜。舜平常孝顺父母,关心弟弟。如果自己有小过错,就甘愿受罚。如果父母和弟弟要杀死他,他就躲得让他们找不到。所以,舜的好名声就四处流传。尧得知后,就决定要舜来继承自己的帝位。但是,他依然不放心,就让他的两个女儿娥皇、女英嫁给舜,来观察舜,他还让舜处理各种事情,来考验舜。最后,他觉得舜是一个很能干,品德也很好的人,就决

娥皇女英,
选自(清)马骀绘《美人百态画谱》

定把帝位传给他。

尧说:"我把权力传给舜,天下人会受益,却对我儿子丹朱不利,如果将权力传给丹朱,就会使丹朱得到好处,却不利于天下人。我总不能让天下人受害而只对一个人有好处吧!"

于是,在一个正月的吉日,尧召见舜,说:"你做事详尽周到,你的意见都获得了实效,试用你三年了,你就登上帝位吧!"

舜跪在地上说:"我的德行不够,总觉得还不能担当大任。"

尧说:"不能再推辞了,你就继位吧!"

最后尧禅(shàn)让帝位给舜,舜登上共主之位。

尧不为一己私利,为天下人着想,他的品格崇高而伟大,因此被后代祖祖辈辈敬仰。

七、人民怀念

尧让位后,他虽然已经年老体衰,但是继续关心国家和人民，他经常巡视天下，到各地了解人民的生活情况，解决人民生活中存在的问题。

尧在禅位28年后，逝世了，他逝世的时候118岁。死后安葬在济阴城阳，也就是今天山东省鄄（juàn）城县。

人民听到尧逝世的消息，都像死了父母一样悲痛万分。在此后的三年里，人们自动停止了各种娱乐活动，以表达对尧的哀思。

尧是中国历史上一位伟大的帝王，历朝历代受到人民的爱戴和歌颂。

史书上写他："他的仁爱像天空一样覆盖大地，他的智慧像神灵一样先知先觉。靠近他就像沐浴阳光，远望他就像仰望白云。他虽然富但是不骄傲，他虽然贵但是不散漫"。

孩子们，你们要记住这位伟大的人，他的本名叫做姬放勋。因为他就像高高的山岗一样，让人崇敬，所以，他去世后，人们把他称作"尧"。"尧"的本意是高高的土岗。

舜 帝

一、苦难童年

舜是三皇五帝之一,史书上称作"帝舜"或者"舜帝"。

舜帝也是黄帝的后代,他是黄帝的第八代子孙,但是,从他祖先穷蝉(chán)那一代开始,就没有做官的人了,都是普通的平民百姓。

舜帝本来也应该和黄

舜帝,
选自《历代帝王圣贤名臣大儒遗像》

帝一样姓姬，但是，因为他生在姚墟（xū）这个地方，就改姓姚了，他的名叫重华，也有人说他叫仲华，和我们中华民族是同一个音。舜帝是有虞（yú）氏人，所以史书上也把他叫做虞舜。

有虞氏就是把"虞"作为图腾的远古部落。"虞"是一种想象中的动物，也叫"驺（zōu）虞"，它有着白虎的身子，狮子的头，可能就是狮虎兽，身上长着黑色的花纹，它的尾巴比身子还长，它是一种善良的动物，不吃活的东西，除非别的动物死了，它才会吃它的肉，所以，书上都说它是"仁兽"，就是仁爱的兽类。

驺虞，选自（明）胡文焕《山海经》图本

据说，舜生下来的时候，他的长相很怪异，他长着一张又黑又方的大脸，眉骨高高地突出着，一张大嘴能伸进去一个拳头，最奇怪的是，他的眼中有两个瞳仁，他的掌心纹路像一个"褒(bāo)"字。

在舜还很小的时候,他的母亲就死了,他的父亲是一个瞎子,外号叫做瞽(gǔ)叟,意思是瞎眼的老头。瞽叟在舜的母亲死后,又给自己娶了一个妻子,生下一个儿子,叫做象。

瞎眼爸爸瞽叟不喜欢舜,他喜欢小儿子象,所以,舜从小就受到爸爸、继母和弟弟的虐待。

舜很小的时候就得每天起早贪黑,给家里干活,稍微有点过错,就会遭到爸爸和继母的毒打,而且,瞎眼爸爸、继母和弟弟象还常常商量着要杀了他。

但是,舜对爸爸和继母,不但不记恨,还非常孝顺。对于常常欺负他的弟弟象,不但不仇恨,却非常友爱。每次,家里人找茬打他的时候,他都甘愿忍受;家里人谋划杀他的时候,他就赶快躲到别人找不见的地方藏起来,等家里人消了气,再回家。照样对父母孝顺,对弟弟友爱。后母不允许他吃中午饭,别人问他为什么中午不回家?舜说:"农夫要以节俭为根本,一天吃两顿饭就行了。"

舜从小爱学习。瞎眼爸爸和继母不让他上学,他走到哪里,都要向别人请教学问。

有一年冬天,气候寒冷,舜身上只穿着单衣,冻得瑟(sè)瑟发抖,还在地里放牛。邻居秦大叔实在看不下去,就去找舜的瞎眼爸爸,希望他送舜去读书。但是,瞎眼爸爸不答应,还要让舜去放牛。秦大叔很同情舜,就让舜和自己的孩子一起,跟着老师读书,舜一边放牛,一边学习。舜从老师那里,认识了很多字,学了很多学问,知道了诚实、厚道、仁爱,是多么重要。

有一天,舜放牛的时候,遇上一个八岁的孩子,叫做蒲衣子。舜看见蒲衣子一举一动都那样美好,就主动请教。蒲衣子告诉他,人身体的每个部分都要保持正确的动作形态,脚的动作要庄重,不要乱踢乱抖;手的动作要恭敬,不要乱摸乱动;眼的动作要端庄,不要乱看乱闪;口中的语言要适宜,不要话多不休;身体发出的声音要安静,不要制造噪音和响声;头的动作要正直,不要乱转乱扭;气息要肃穆,不要大声喘息;身体站立要不偏不倚,不要歪斜乱靠,更不能自由散漫。

舜按照蒲衣子的教导，训练自己，他变得行为端庄，举止得体，言谈举止之中充满君子正气。

舜稍微长大些，就开始外出做工，赚钱养家。他在历山种过地；在雷泽捕过鱼；在河滨做过陶盆；在寿丘当过做家具的童工，还在负夏这个地方做过小生意。

由于舜对人很好，大家都喜欢和他一起干活，他在历山种地的时候，和他一起开荒种地的人越来越多，历山这个地方开始人烟稀少，后来竟然成了一个人口稠密的城市。

舜远离家乡，他思念父母和弟弟。有一天，他在田地里耕种，看见几只鸟成群结队飞过去，心里非常难受，就随口唱出一首诗来："我到历山这个地方啊！历山高峻挺拔；成群的鸟儿啊！在天空飞翔；思念我的父母啊！辛勤地耕耘；时间过得好快啊！就像飞驰一样；父母离我很远啊！我何时能回家乡？"

舜唱完这首诗歌，想着自己悲惨的身世，放声大哭。舜写的这首诗叫做《历山思亲操》，是我们中华民族孝道文化的千古绝唱。

孝感动天，选自《二十四孝图》

舜把赚来的钱一分不少地都带回家。但是，他的家里人依然很讨厌他。瞎眼爸爸对他非常凶狠，继母也经常对他大声斥骂，就连弟弟也对他非常傲慢，都想杀了他。但是，舜依然孝顺父母，爱护弟弟。家里人杀他的时候，就找不见他，但是，当家里人需要他的时候，他就会出现在他们面前。

左邻右舍的人从小看着舜长大，都说他是一个孝顺父母、爱护弟弟、举止端庄、学问很深的好孩子，所以，他的美名也就传开了。

二、尧帝召见

这一年,当时的国君尧帝觉得自己已经年老体衰,但是,他不想让自己不听话的儿子丹朱继位。他就让大臣们推荐接班人,大臣四岳推荐了因为孝顺而被天下赞扬的舜。于是,尧帝就把舜叫到宫中,召见他。这是中国古代两个伟大领袖的第一次相见。

这时候,舜已经三十岁了,依然没有妻子儿女。

尧帝问他:"我想让天下太平,你说该怎么办?"

舜回答说:"要想使天下太平,就要公平对待每一个人,不能有偏向,特别是对小事不能马虎,说话要算数,要有诚信。这样做了,天下的人都会拥护你。"

尧帝又问:"管理国家什么事最重要?"

舜回答说:"首先是祭(jì)祀(sì)上天,也就是知道大自然运行的规律。"

尧帝再问:"国家的什么官职最重要?"

舜答道:"管理土地的官职最重要。"

尧帝还问:"管理国家首先要做的是什么事?"

舜回答:"关心人民。"

尧帝听完舒了一口气,笑了,他对舜的回答十分满意。他赏赐给舜几件衣服,给了他一张古琴,又给他几头牛羊,还派人给他家建起粮仓。

尧帝心里想,这个舜嘴上说得好听,就是不知道他做得怎么样呀?他决定把自己的两个女儿娥皇和女英嫁给舜,还让自己的八个儿子跟随舜,让他们近距离观察舜的行动,及时报告。

舜带着娥皇和女英离开的时候,尧帝专门叮嘱两个女儿,回到家中要孝敬公婆,善待弟妹,不要告诉别人自己是国君的女儿,要像普通百姓的女儿一样,参

虞帝大舜,选自《清刻历代画像传》

与家务,劳动生产。

舜回到家里,他虽然被尧帝喜欢,但是,他的瞎眼爸爸、继母和弟弟象还是讨厌他。特别是象,看见舜带回来的两个嫂子很漂亮,就更加嫉恨舜,想杀死哥哥,霸占两个嫂子。

有一次,瞎眼爸爸瞽叟对舜说:"粮仓漏雨了,你快爬上去修补一下。"

舜于是就爬到粮仓顶上修补。这时候,象就放火烧粮仓,舜看见大火烧起来,赶忙用头上戴的斗笠挡住大火,然后,从粮仓上飞身跳下来,他才没有被大火烧死。

过了几天,继母叫舜在家里挖一口井,舜挖井的时候就想:是不是又要害死我呀?他就在井壁侧面,挖了一条通向外边的暗道。井越挖越深了,突然,继母和象一起往井里填土,要把舜活埋在井里,舜赶快从暗道里逃出去了。

舜在外面躲了几天,才回到家里,走到屋外,只听瞎眼爸爸、继母和弟弟象在高兴地谈论这件事。

他的弟弟象说:"都是我出的好主意,我们才把他杀了,他的两个妻子和古琴应该归我,牛羊和粮仓归你们二老。"

瞎眼爸爸和继母高兴地答应了,舜伤心极了,但是他没有怨恨父母和弟弟,只是流着眼泪走出了家门。

象以为舜真的死了,他就跑到尧帝为舜建造的宫室住下,得意洋洋地弹起舜的古琴。

舜平静了心情,回到家中,弟弟象大吃一惊,然后假惺惺地说:"我以为你死了,正在难过呢!"

舜笑笑回答说:"是吗?你真是个好弟弟!"

此后,舜依然十分孝顺父母,爱护弟弟。

三、摄理国政

尧帝经过考验,认为舜的人品很好,但是,他还想在工作中进一步考验舜的能力。他决定,让舜代理自己处理国家大事,他自己就到各地去巡视了。

舜首先观察天象,确定日、月和金、木、水、火、土五星的位置。然后祭祀上帝、名山大川和各种神灵。远古时代的人认为,是神主宰着人的命运,所以,对神非常尊敬。

舜又选择好日子,接见官员和各方君长。舜对各地官员和君长非常尊重,常常站在宫门前毕恭毕敬地迎接他们。舜为了让各地官员和国君加强联系,就规定,每五年巡视天下一次,其余时间,让各地君长到京城朝见。

为了更有效的管理国家,舜将天下划为十二个州,把各州的界限用河道隔开。舜到各地巡视,常常越过高山,遇上大风雷雨,山火烈焰,也常常会遇上虎狼毒蛇,野兽出没,但是,舜非常勇敢,每次都能安全回来,这些灾害都不能危害他。

舜特别善于用人。他知道颛(zhuān)顼(xū)帝有八个有才能的子孙,人称为"八恺(kǎi)",意思就是八个和善的人。帝喾(kù)也有八个有才能的

帝喾,
选自《历代帝王圣贤名臣大儒遗像》

子孙,人称为"八元",意思就是八个善良的人。这十六个人美名远扬,尧帝却没有任用他们。舜就推举"八恺"担任管理土地的职务;又推举"八元"到各地教育人民。"八恺"和"八元"都能认真办事,发挥长处,使天下安宁、百姓和睦、农业发展、四处和平。

舜也是个爱憎分明,敢作敢为的人,他把经常干坏事的骦(huān)兜(dōu)、共工和鲧(gǔn)一起流放到边疆去;把那些为非作歹的坏人,全都赶出京城。还带兵把敢于造反的三苗打败,天下人都信服了舜。

四、登上帝位

舜代替尧帝管理国家二十八年之后,尧帝逝世了。舜非常悲伤,主持尧帝的安葬仪式,为尧帝服丧三年。三年里,舜的脸上没有过欢乐的笑容。舜又把帝位,让给尧帝的儿子丹朱,他自己躲到山里去了。但是,天下的人都愿意相信舜,不愿意相信丹朱,汇报工作的、打官司的人都来找舜,没有人愿意去找丹朱。舜觉得人们相信自己,依赖自己，就决定再次重新执掌政权，登上帝位。

舜要求天下十二州的官员，都要发扬尧帝的美德，爱护人民。他反感那些只会花言巧语，不干实事的献媚小人。

舜帝决定启用各种人才，管理国家。他流放了鲧，但是启用鲧的儿子大禹治理江河，大禹经过几年努力，用疏导的方法治理了江河，河水不再泛滥成灾了。

舜帝指派姬弃担任后稷（jì）之职，管理农业。姬弃很努力，督促人们按节令播种五谷，天下粮食丰收了。孩子们注意，后稷的"后"不是前后的"后"，而是发令者的意思。过去，前后的"后"写作"後"。

舜帝派子契（xiè）推行五教，让天下人懂得做父亲要有道义；做母亲要慈爱；做兄长要友善；做弟弟要恭敬。懂得父子之间有亲情；君臣之间有道义；男女之间有分别；长幼之间有秩序；朋友之间有诚信的道理。子契到各地去教育人民，人民逐渐摆脱了原始野蛮风气，社会风气就逐渐变好了。

舜帝又派偃（yǎn）皋（gāo）陶（yáo）去掌管法律，偃皋陶公正廉明，天下没有冤假错案，人民个个信服。

舜帝还使用了许多优秀的官员，并对官员们三年进行一次考核。考核后，根据政绩决定升降和处罚。大小官员都努力建功立业，官场为民造福之风也形成了。

五、一代圣君

舜帝老年之后，就考虑谁来继承他的职位，他的两个帝妃中，娥皇无子，女英生一子，叫做姚商均。但是，舜帝认为自己的弟弟象品德不好，儿子姚商均只知道唱歌跳舞，不能担当重任。于是，他选择治水有功的大禹继承帝位，并把帝位禅让给大禹。

此后，舜帝一直在全国各地巡视，了解人民生活，帮助各地解决问题。

舜帝在一百零一岁那一年夏天，带着两位帝妃娥皇和女英，巡视到洞庭湖。此时天气炎热，舜帝就让娥皇、女英留在洞庭湖中的君山避暑，舜帝自己带着部下继续南巡。

一天晚上,女英做了一个梦,梦见舜帝坐着用美玉做成的车子,从天空降下来,对她说,自己已经不在人世了,大家不要悲伤,人生在世,总有一天要分别的。女英醒来,非常担心,就把梦到的事情告诉了娥皇,两人十分焦急。

不久,果然传来消息,舜帝在苍梧逝世了。娥皇、女英悲伤得日夜哭泣,眼泪哭干了,一滴一滴鲜血从眼中流出来。她们去给舜帝哭丧,路过君山上的竹林,眼中的鲜血就洒在竹林的竹子上。最后,娥皇和女英因为悲伤过度,就一起跳入洞庭湖中。直到现在,君山上的翠竹还留着二位帝妃的斑斑血泪,这些竹子被称为"斑竹"。

舜帝死后安葬在苍梧山上,他的墓叫做"零陵"。苍梧山就是今天湖南宁远县境内的九嶷山。

舜帝为人孝敬父母,亲善兄弟,虽遭百般虐待,依然不改初衷。他是"二十四孝"第一名,几千年来都是人民学习的榜样。他治理国家功勋卓著,让贤禅位大公无私,他是我们中华民族永远牢记的伟大人物。

大 禹

一、改造自然

我们中国历史的源头是三皇五帝，大禹是三皇五帝之后第一位伟大人物。

三皇五帝对于中华民族的伟大贡献，在于他们的时代，发明了居住的房子，人们不用再住在山洞里或者树上了；发明了服装，人们不用赤身裸（luǒ）体，冬天不再挨冻了；发明

大禹，
选自《历代帝王圣贤名臣大儒遗像》

了农业，人们在没有果实的季节，也有了食物，不用冒险去打猎了；发明了文字，人们可以记录下重要的事情和自己的想法了；发明了算数，人们开始知道计算各种东西的数量了；还发明了历法，人们开始有了时间的概念，再不会糊里糊涂分不清季节了。那个时代，还发明了许多重要工具，比如车、船、弓箭、渔网、农具等等。

有了这些重要的发明，人类就逐渐和其他动物有了区别，人类就脱离了原始生活状态，开始走向文明。

三皇五帝之后的伟大人物大禹的贡献，主要在征服自然和创立国家上。他领导的治理洪水，是人类第一次对大自然进行改造，改天换地，表现了人类伟大的智慧和不屈不挠的奋斗精神。大禹还创建了中国历史上第一个统一的国家政权，是真正意义上中国的开始。

二、洪水泛滥

在远古时期，地球上的河流，没有固定的河道，都是根据地形，随意流动。河流从高山上流下来，那里低就往那里流。但是，河流流的时间长了，河流里冲下来的沙石，就会让低处一点一点变高，最后高出周围的地方，河水就开始改变了流动的方向，流到别的地方去了。原来在河流周围居住的人，耕种的土地，就被河水淹没了。

在尧帝时代，地球进入多雨期，大雨不断，河水泛滥，到处淹没土地和人们居住的房子，也淹死许多人和牲口。那时候，人民最害怕的就是两样东西，一个是洪水，另一个就是凶猛的野兽，所以，我们现在常常说起最害怕的事情，依然用"洪水猛兽"来比喻。

关于这个时期的洪水，历史上还有许多神话传说，最有名的就是共工与颛（zhuān）顼（xū）的战争。

传说，共工与颛顼争夺谁当天帝，共工在大战中失败了，他非常愤怒，就用头撞击不周山，不

颛顼，
选自《历代帝王圣贤名臣大儒遗像》

周山是支撑天的柱子,柱子被共工撞断,天就塌下来了,从此,天向西北方向倾斜,所以日月星辰都向西北方向移动;大地的东南角塌陷了,所以大地上江河都泛滥成灾,水向东南方向流去。

洪水泛滥,人民生活极为艰难,尧帝很发愁,就召集大家想办法,商量派谁去治理洪水,他说:"哎呀!洪水泛滥,淹没了山岭和田地,人民非常忧愁,应该派谁去治理洪水?"

大臣们说:"鲧可以去。"

但是,尧帝不同意,他认为鲧这个人不太听话,也不团结别人,但是,大家都说可以让鲧试一试。

尧帝考虑到大家的意见,而且当时也找不出比鲧更合适的人选,就勉强同意让鲧去治水。

但是,鲧带领人民,到处去堵洪水,洪水越来越多,还是堵不住,经过九年努力,失败了。尧帝感到非常羞愧,就退位让舜帝当上首领,继续治理洪水,舜帝当上首领之后,就杀了鲧,他让鲧的儿子禹接替他的父亲,继续领导人民治理洪水。

三、大禹治水

禹姓姒(sì),名叫禹。他因为治理洪水功劳很大,所以后来都把他称作大禹,也就是伟大的禹的意思。大禹是颛顼帝第六代子孙。他的爸爸就是治理洪水失败了的鲧,妈妈是有莘(xīn)氏这个部落的一个女人,名字叫脩(xiū)己。

大禹接到命令,就开始治理洪水,他带领伯益、后稷这些人,去视察河道,他吸取爸爸失败的教训,认为治水不能只靠堵截洪水,要利用水向低处流的自然趋势,开通河道,让洪水流到大海里去。于是,大禹立即召集各地百姓,组成浩浩荡荡的治水大军,开始开通河道。

后稷,
选自《历代帝王圣贤名臣大儒遗像》

大禹带领人民，翻山越岭，他拿着测量仪器，从西向东，一路测量地形的高低，树立标杆，规划水道。各地人民在他的带领下，逢山开山，遇洼筑堤，疏通水道，引洪水入海。

大禹在治水的时候，不怕劳苦，也不敢休息。

传说大禹在涂山这个地方，娶了涂山氏一个叫做娇（jiāo）的女人为妻，新婚不久，他就离开妻子，去治水了。后来，他路过家门，得知妻子怀孕了，想回去看看妻子，但是担心治水的工作被耽误了，就没有回去。第二次他又路过家门，听到妻子生下孩子，孩子哇哇大哭，他很想回家看看孩子和妻子，但是，一想到洪水治理不好，就会不断有人淹死，他就毫不犹豫地离开家门，到治水工地上去了。第三次经过家门的时候，他的妻子抱着孩子，挥动小手，和大禹打招呼，大禹只是远远地向妻子和孩子挥挥手，还是没有停下来。大禹为了治理洪水，费尽艰难，他腿上的毛磨光了，脚后跟也泡烂了，但是他始终咬着牙，拄着拐杖，坚持和人民一起，挖土，担土，开山，碎石。

黄河中游有一座大山，叫龙门山，堵塞了河水的去路。六禹到了那里,观察好地形,带领人们开凿龙门,把这座大山凿开了一个大口子,这样,河水就畅通无阻流过去了。大禹开凿的龙门,在今天陕西省韩城市附近,叫做"禹门口"。大禹还凿通了积石山和青铜峡。

经过十三年的努力,大禹带领人民终于把河水治理好了,他一共挖开了九条河道,使河水流到大海里去,大地上的田地,又露出水面。过去居住在地势较高地区的人民,都来到土地肥沃的平原上,开荒种地。于是,田野上五谷飘香,牛肥马壮,鸟儿飞翔,一片生机勃勃的景象。

四、华夏形成

大禹治水,给人民作出了伟大贡献,受到人民的爱戴和拥护,舜帝觉得大禹功劳很大,就把帝位让给大禹。

大禹登上帝位,他在治水的过程中,走遍天下,对各地的地形、习俗、物产都非常熟悉,了如指掌。于是,大禹帝就重新将天下划分为九个州。

大禹在涂山这个地方召开各地诸侯大会。各地的诸侯都来了，大禹站在高台上，各地诸侯按照自己国土的方向站立，大家一齐向大禹致敬，大禹在台上也向大家答礼。

大禹大声说道："我自己品德不高，能力也不行，没有办法让大家服从我，所以，今天召集大家开这个大会，就是希望大家给我提出意见，使我知道自己的过失和错误，我也好改正。我这几年为了治水，手上脚上都磨出了老茧，虽然有一点成绩，但是，我一辈子最怕自己骄傲自满。大舜帝曾经告诫我说：'如果你不自己夸自己，天下就没有人与你争高低；如果你不自己认为自己本事大，天下就没有人与你争功劳。一个人如果谦虚为人，就会得到别人的帮助，一个人如果骄傲自满，自高自大，听不进别人的意见，必定要遭到失败的惩罚'，如果我有骄傲之处，请大家当面告诉我，我对大家的教诲，一定洗耳恭听。"大家都对大禹谦虚的态度佩服得五体投地，就都支持他。

涂山大会之后，各方诸侯为表示对大禹的敬意，来到大禹所住的阳城，贡献珍贵的青铜。后来，各地贡献的青铜越来越多，大禹想起从前黄帝功成铸鼎，为了纪念涂山大会,就准备将各方诸侯进献的青铜,铸造成九个大鼎,鼎上铸着九个州的山川、物产、珍禽、异兽。九鼎象征着九州。

九鼎铸成,象征着天下诸侯都服从大禹的管理,也象征着一个统一的国家政府建立了,因为大禹的封地在夏这个地方,所以,大禹的国号就叫做夏,大禹就成为第一代夏王,大禹也被称为夏禹。

我们中国自古称为"华夏",就是因为大禹建立的夏国。在远古时期,"华"和"夏"是同一个意思,所以,中国也称为中华,也称为华夏。中原华夏族,也简称为中华民族。

舜帝让位十七年后,在南巡中逝世。大禹帝主持三年治丧,治丧结束后,大禹将帝位让给舜帝的儿子商均,自己在阳城躲起来。但天下的诸侯都离开商均去朝见大禹。在诸侯的拥戴下,大禹正式即位。

大禹在位的第十年,他到了会(kuài)稽(jī),去世了。大禹活了一百岁。

大禹在世时,曾把帝位禅让给皋(gāo)陶(yáo),皋陶却早于大禹逝世了。于是,大禹的儿子姒启继承了帝位,中国历史上第一个血缘相传的政权夏朝开始了。

大禹是为中华民族的历史发展做出了巨大贡献的伟大历史人物。他的重大功绩不仅在于治理洪水,发展国家生产,使人民安居乐业,更重要的是,大禹完成了国家的建立,用文明社会代替野蛮社会,推动了历史的发展。

大禹逝世后,安葬在禹陵,在今天浙江省绍兴市越城区禹陵乡禹陵村。

皋 陶

一、司法之神

皋陶姓嬴,是中国历史上一位影响巨大的伟大人物,他对我们国家法制和道德的发展做出了重要的贡献,被世世代代尊为"狱神"。他和尧、舜、禹一起,被称为上古时代的"四圣"。

孩子们,一个国家要建立起来,就需要有法律,法律就是规定人们什么事情

皋陶,
选自《历代帝王圣贤名臣大儒遗像》

可以做，什么事情不可以做，什么事情必须做，什么事情绝对不能做。如果谁违反了，就要受到惩罚。一个国家有了法律，才算是一个真正的国家。

嬴皋陶在舜帝和大禹执政时期，担任士师和大理官，也就是管理司法的最高官员。

那个时候，洪水泛滥，人民流离失所，饥寒交迫，社会一片混乱。饥饿和艰苦的生活，使人民之间互相不亲近，甚至家庭成员之间也互相残害；各个部落之间，不断发生战争，许多部落甚至互相进攻，俘虏对方士兵，杀掉吃肉。

嬴皋陶面对天下混乱的局面，提出只有健全法制，才能制止犯罪，让天下重新太平。

二、皋陶作刑

我们国家在轩辕黄帝时代，就产生了法律，当时，有五种残酷的刑罚，叫做"五刑"。"五刑"是指墨刑、劓（yì）刑、刖（yuè）刑、宫刑和辟刑。

"墨刑"就是把罪犯的脸或手臂刺破，再涂上黑墨，让人的身上永远留着耻辱的印记,"劓刑"就是割掉罪犯的鼻子,"剕刑"就是砍断罪犯的脚,"宫刑"就是割掉男罪犯的生殖器,对女罪犯的腹部,用暴力打击,让她子宫垂落,不能生育。"辟刑"就是死刑,用刀砍头,用火烧死,以及用各种方式,把罪犯折磨致死,甚至在死后,还要五马分尸,或者把尸体剁成肉酱。

赢皋陶看到,刑罚非常残酷,但是,还有许多人在不断犯罪。他认为,应该重视教育人民,他主张"明于五刑,以弼(bì)五教。"。

"明于五刑",就是要给人民把法律讲清楚。"以弼五教",就是说,刑罚是教育人民的辅助手段,处罚人民不是目的,教育人民不要犯罪,才是法律的目的。

"五教"是说要教育人民父亲公正、母亲慈爱、兄长友善、弟弟恭敬、子女孝顺。"五教"要求人民从家庭做起,彼此亲爱,互相谦让,来实现一个没有犯罪行为的和谐社会,达到长治久安的目的。

皋陶制定了《狱典》,刻在树皮上,呈给大舜帝,大舜帝看后非常高兴。他说:"你的意见,如果能教育人民不要犯罪,那就是伟大的功绩呀!"

皋陶的法律思想,最伟大的地方在于,对人民要以道德教育为主,是道德与法律结合、德治与法治结合。他制定的法律重视人民,而且体现了人民的意见。嬴皋陶说:"法律要公平,司法要公正,这样国家才能安定,人民才能生活幸福。"

后来,我们国家各个朝代,都遵照嬴皋陶的思想,不断完善法律制度。

三、獬豸决狱

獬豸(xiè zhì)是古代神话传说中的一种神奇的野兽,身体像小牛那么大,全身长着浓密黝(yǒu)黑的毛,双眼明亮有神,额头上长着一只犄角(jī jiǎo),俗称为"独角兽"。据说獬豸很有灵性,有分辨是非、确认罪犯的本领。

传说嬴皋陶有时候就使用獬豸来判断谁是罪犯。他判决有疑问的时候,就将这种神奇的动物放出来,如果那人有罪,獬豸就会去用犄角顶他。

獬豸

史书上说：皋陶判案，天下没有残酷的刑罚，人间没有冤狱，那些卑鄙的小人非常害怕，纷纷逃走了，天下从此太平。

四、协助大禹

皋陶帮助大禹治理洪水，对于破坏和干扰治水的人，从法律上处理，保证治水工程顺利进行。

后来，大禹帝根据"禅让"的原则，推举嬴皋陶做自己的接班人，但是，皋陶却因为劳累过度去世了。大禹帝就把皋陶的儿子伯益选为接班人。

夏　启

一、继承大禹之位

　　启是大禹帝的儿子,姓姒,名叫启。因为他继承大禹帝,当上夏朝国君,所以,又把他叫做夏启或者夏后启。

　　在中国历史上,夏朝的国君称为"后",商朝的国君称为"帝",周朝的国君称为王。

　　夏朝为什么把国君称为后呢?那是因为,夏朝国君的祖先过去当过司空,"司"字是人之下一个口,表示发号司令,也就是指国家的统治者。"后"字是夏启时代的人创造的一个字,它是"司"字的镜像字,也就像"司"字照在镜子里一样,它的形状正好与"司"字完全相反,但是意思完全相同。夏启为了表示自己的功德不如祖先，就把"司"字反过来，创造了一个"后"字。再后来，"后"字除了指国君，还指国君的妻子，也就是"王后"，或者"皇后"。秦朝之后，"后"专指皇帝的正妻。

我们前文说过，大禹治水的时候，在涂山这个地方，娶了涂山氏一个美丽的女人，后来这个涂山氏的女人，为大禹生下一个孩子，大禹几次路过家门，都没有时间去看望妻子和孩子，这个孩子，就是姒启。

大禹当上国君之后，曾经根据禅让的原则，由大家共同推选有才能，有品德的人继承国君之位，众人推举了嬴（yíng）皋陶继承大禹的职位，但是，嬴皋陶却在大禹之前去世了。于是，大禹又把国君的位子，传给皋陶的儿子嬴伯益，但是大禹的儿子姒启，打败伯益，自己继承了大禹的职位，当上了国君。

二、平定叛乱

姒启当上国君之后，他把国家的首都，由阳翟（dí）

迁到了安邑，安邑在今天山西省夏县一带。他开始分封官职，统治国家。

姒启破坏禅让制的做法，引起许多国家不满，这其中势力最大的要数有扈（hù）国。姒启为了巩固自己的统治，就带领军队进攻有扈国，双方在甘这个地方发生大战，姒启发表了历史上著名的讨伐有扈国的檄（xí）文《甘誓》，宣告要和有扈氏决一死战。战争打得十分激烈，最后，姒启的军队取得胜利。有扈国在今天陕西户县一带。

姒启消灭了有扈国，夏朝统治进一步稳定下来。

三、世袭国君

姒启老年的时候，没有按照禅让制，推举优秀的人来继承国君之位，而是把国君之位，传给自己的儿子姒太康，从此之后，由众人推举国君的"禅（shàn）让制"，被废除了。父亲的职位传给儿子的"世袭制"开始了。

所以，姒启就是中国历史上第一个真正的国王，称为"夏后启"。也是中国进入私有制社会的开始。

在姒启统治的时代,国家的实力加强了。姒启在位三十九年,大约七十八岁去世。姒启死后,他的儿子姒太康继承夏后之位。

我们中国常称为"华夏",就是来自夏朝。

少 康

一、太康失国

姒启建立了夏朝，姒启死后，他的儿子姒太康继承了夏后的职位。夏后，就是夏朝的国君。我们国家夏朝国君称为后，商朝称为帝，周朝称为王。

姒太康是一个花花公子，整天就知道喝酒打猎，不会管理国家。有一年，他到洛河北岸打猎，很长时间不回国。有穷国的国君后羿就趁机带领军队，占领了夏都。太康失去了夏后之位，这件事在历史上叫做"太康失国"。孩子们请注意，这个后羿并不是神话传说"后羿射日"和"嫦娥奔月"中的后羿，他们是同名的两个不同的人。

太康打完猎,带着猎物高高兴兴回来,走到洛河岸边的时候,后羿的士兵把守着渡口,不让他们上岸,这时候,姒太康这才知道国都已经被后羿占领了。

姒太康的五个弟弟见哥哥不能回到国都,就陪着母亲来到洛河岸边苦苦等待,但是,姒太康再也没有回来。五兄弟就每人作了一首歌来追念他们的祖父大禹帝的功绩和品德,哭诉失去国家的凄凉和悲哀。这首歌就是我们国家历史上著名的《五子之歌》。

第一首歌唱道:我们的祖先大禹教导我们,人民一定要亲近,不能看不起人民,人民是国家的根本啊!根本稳固国家才能安宁。如果失去根本,普通的男女都能战胜我们。姒太康你不听祖先的教导,多次失误。了解人民的怨恨,难道要等它爆发吗?应该在人民没有怨恨的时候就治理好国家。我们管理国家和人民,就像用腐朽的绳子驾驭六匹马一样危险,作为国家的国君,为什么对人民不尊敬呢?

第二首歌唱道:我们的祖先大禹教训我们,在内迷恋女色,在外喜好打猎,喝着美酒,听着音乐,建造华丽的宫殿,装饰美丽的宫墙。这几个爱好只要占有一个,国家就不得不灭亡。

第三首歌唱道:伟大的尧帝,曾经拥有冀州广大的土地。现在你们搞乱了国家的治理,导致灭亡都是你们自己。

第四首歌唱道:我的辉煌的祖先,是管理许多国家的伟大君主。制定法律和制度,传给他的子孙。征收税赋平均,王家仓库丰盈。现在废除了他的传统,就是断子绝孙。

第五首歌唱道:唉!我的心中多么悲哀,人民都仇恨我们,我们将依靠何人?我的心情郁闷,我的脸上羞愧。不愿意谨慎地学习祖先的品德,虽然后悔又岂能挽回?

《五子之歌》记录在《尚书》这部著作里,它说明了国家领导人要重视和爱惜人民。一个人对人民的态度好坏,也决定了这个人是一个好人还是坏人。所以,孩子们,你们从小要树立热爱人民的美德。

后羿占领了夏都,过了几年,他把夏后的位子传给姒太康的弟弟姒仲康,姒仲康只是一个傀(kuǐ)儡(lěi),国家大权依然掌握在后羿手里。又过了几年，姒仲康死了，他的儿子姒相继承了夏后的位子。

后羿是一个凶狠残忍的人，他不会管理国家，只会吃喝玩乐，后羿的干儿子寒浞（zhuó）就发动兵变，把后羿杀死，把他的尸体放在大锅里煮。寒浞自己当上了国君，他开始疯狂追杀夏朝的族人和大臣。

姒相为了躲避寒浞的追杀，逃往商丘，被寒浞的儿子寒浇杀死了。他的妻子后缗（mín），从宫墙的一个洞子里逃出来，逃回自己的娘家有仍氏部落。

二、图谋复兴

后缗逃回有仍氏，她本来怀着身孕，不久就生下一个男孩子，取名少康。

姒少康从小就很聪明，他懂事后，母亲就告诉他爷爷太康失去国家，爸爸姒相被寒浞杀害这些事情，并且叮嘱他长大后要报仇雪耻，复兴夏后氏。姒少康立下志愿，要夺回天下。

姒少康渐渐长大了，他先在有仍国担任放牧的官员，一有机会就学习带兵作战的本领。

但是，过了不久，寒浞就打听到姒相的妻子还生了一个儿子，寒浞就派人来追杀姒少康，姒少康提前知道了消息，他赶快逃到一个叫做有虞氏的部落。

有虞氏的首领名叫虞思，没有儿子，只有两个女儿，他见姒少康聪明能干，就留下了他，把自己的两个女儿嫁给他，还给了他一块肥沃的土地和五百名士兵。

从此，姒少康有了土地和军队，他关心当地百姓疾苦，到处宣传祖先大禹的功德，争取人民支持他复兴夏朝，并召集夏朝的旧臣来和他会合。

过了几年，许多人得知姒少康要复兴夏朝，躲避在有鬲（gé）氏的夏朝大臣伯靡（mí）就亲自带领许多人民和军队来投奔姒少康。并且立姒少康为夏后。

三、少康复国

姒少康和伯靡（mí）训练军队，准备进攻寒浞，为了弄清寒浞的实力，他们首先派遣一个叫做女艾的漂亮女人，充当间谍，通报情况。

姒少康在掌握了寒浞军队的虚实之后，就起兵进攻寒浞。少康带兵打败了寒浞的儿子寒浇，他的儿子姒杼带兵，打败了寒浞的另一个儿子寒豷（yì），伯靡率领有鬲（gé）氏军队进攻寒浞军队，寒浞被打败了。伯靡将寒浞绑住，公布寒浞的各项罪状，将他的肉一片一片割下杀死。

姒少康重新当上了夏后，恢复了夏朝的统治。

伊 尹

一、出身贫贱

孩子们，今天我要给你们讲一个出身低贱，靠自我奋斗，成为一位伟大人物的故事，这个人就是伊（yī）尹（yǐn）。

伊尹的名字叫做"挚（zhì）"。他的家住在伊河旁边，就取地名为姓，姓伊，他因为后来做了"尹"这个官，所以几千年来，

伊尹，
选自《历代帝王圣贤名臣大儒遗像》

大家都把他叫做"伊尹","尹"就相当于后来的"右丞相"。所以,我们也可以把他叫做"伊丞相"。

伊挚的爸爸和妈妈都是奴隶,伊挚是奴隶的孩子。在三千多年前,奴隶是最可怜的人,他们没有任何财产,就连生命都是属于奴隶主的,奴隶主对奴隶想打就打,想杀就杀,想卖掉就卖掉,奴隶的处境非常凄惨。

伊挚的爸爸是一个屠夫,给奴隶主杀猪宰羊,妈妈是一个采桑女,给奴隶主采桑养蚕。

这一年,伊挚的妈妈肚子里怀着孩子,伊河突然发了大水,她边跑边喊乡亲们快逃命,她跑出去二十多里路,跑到一个叫做空桑的地方,在野地里生下了一个男孩子。但是,她自己却被大水冲走了。后来,这个婴儿被水冲进一棵大桑树的树洞里,有人捡到这个可怜的孩子,就把他交给有莘(xīn)国国王,国王给这个孩子取名叫做"挚",然后交给一个做饭的伙夫喂养,这个伙夫就给孩子喝剩汤,吃剩饭,竟然把他养活了。

伊挚慢慢长大了,跟着伙夫学习做饭,也到田地里耕种庄稼。但是,他是一个聪明爱学习的孩子。有时候,他去给有莘国王的孩子们送饭,就偷偷听老师给国王的孩子们上课,跟着老师学习识字,时间长了,他学会了很多字。伊挚年龄再长大些,就去伺候国王,每次他去伺候国王吃饭的时候,就听见国王和大臣们谈论管理国家的办法,特别是过去尧、舜、禹三位伟大帝王治理国家的事迹,他都听得非常入迷,也就知道了很多治国的办法,他心里想,如果有机会,自己一定也要成为尧、舜、禹那样为国家和人民谋幸福的人。

二、夏朝暴政

那时候,正是夏朝时期,当时的夏王叫做姒(sì)癸(guǐ),统治着整个中国。姒癸是个表面非常聪明能干,但是却非常骄傲自大的人,而且非常喜欢玩耍,不管理国家大事。他让人民给他修建豪华的宫殿,用美玉做装饰,还从各地抢来许多美女,供他享乐。他浪费许多粮食造酒,还修了一个大池子,把酒倒在池子里,并在酒池子里放上船,姒癸和许多大臣、美女坐在船上,边喝酒边划船,许多人喝醉酒,就掉下去淹死了。他还派他的士兵去抢人民的财物。

大臣都劝夏王姒癸不要干这些坏事,可姒癸不但不听,还把劝他的大臣有的杀掉,有的关进监狱里。

所以,夏朝的人民都生活得很可怜,许多老百姓四处逃荒要饭,就有许多百姓逃到有莘国。

有莘国国王和夏朝的国王是亲戚,所以,就非常担心夏朝的命运,国王和他的大臣常常在一起议论夏王姒癸干的坏事,就被伊挚听见了,他心里想,夏朝这样的坏国王就应该推翻了,换一个好人去做国王,人民才能过上幸福的日子。

伊挚就想办法接近有莘国王,想劝他起兵造反,推翻姒癸的统治。但是,一个奴隶根本就没有和国王说话的机会。伊挚就反复研究,把饭菜做得非常好吃,国王吃了伊挚做的饭菜,就常常赞不绝口。他很好奇,就打听是谁做的?当他知道是伊挚的手艺,就找来伊挚询问饭菜的做法,伊挚就讲给国王听。国王在谈话中,了解到伊挚不光饭菜做得好,还很有学问。于是,国王就让他去当老师,给王子们教书。伊挚从一名厨师，变成了王室的宫廷教师。

伊挚给王子们讲课，讲得非常好，他的名声就传得很远。人们都说，有莘国王家的教师，学问很大，可以治理国家。

三、投奔商汤

这时候，在东面有一个国家，叫做商，它的国王是年轻有为的商汤。商汤见夏朝的国王姒癸，不爱护人民，整天只知道吃喝玩乐，人民生活非常悲惨。他就想推翻夏朝，建立一个新的朝代。

商汤很爱惜百姓，带领人民种田养蚕，人民生活富裕。就有各地逃荒要饭的百姓，往商汤的国家跑，商汤就给这些要饭逃荒的人提供土地和房子，商汤国家的人口越来越多，军队也越来越强大。商汤觉得要打败夏朝，就必须有许多人才，带领军队，管理人民。他就四处寻找有才能的人。他听说有莘国的宫廷的奴隶教师伊挚很有才能，就主动到有莘国去见伊挚。

商汤带着礼物，来到有莘国，见到有莘国国王，说自己听说伊挚的饭菜做得很好,希望有莘国王让伊挚给他做饭吃。有莘国王高兴地答应了。过了不久,伊挚端上饭菜,商汤吃了,果然味道很好,就询问饭菜的做法,伊挚就用做饭菜打比方,告诉商汤治国的办法。商汤听了非常高兴,就认定伊挚是一位治理国家的人才。他对有莘国王讲,

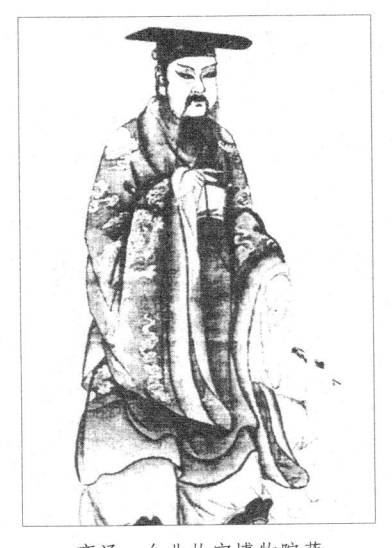

商汤,台北故宫博物院藏

他要用很多钱,来买伊挚,但是有莘国王不答应,商汤只好回自己国家去了。

　　商汤回到商国,就挂念着伊挚,他决定再去有莘国见伊挚,就让一个姓彭的人给自己驾车。姓彭的人问:"您要到哪里去?"商汤答道:"我去见伊挚。"姓彭的听完笑了说:"伊挚只不过是一个奴隶。如果您想见他,就下令让他来就行了,这对他来说,已经是一件十分荣耀的事情了。还用得着您亲自跑一趟吗?"商汤说:"你不懂。如果

有一种药，吃了它，耳朵会更加灵敏，眼睛会更加明亮，那么我一定很喜欢吃这种药。伊挚这个人对于我们国家来说，就像这种好药一样，而你却不想让我去见他，真是愚蠢。"商汤就把姓彭的小子赶下车，自己驾车到有莘国去了。他又和伊挚谈话，对伊挚的才华非常钦佩。但是，有莘国王依然不答应放伊挚离开有莘国。商汤只好失望地走了。

过了不久，商汤向有莘国王求婚，希望有莘国王把女儿嫁给他，有莘国王考虑商国是一个大国，而且商汤年轻能干，就答应了。

伊挚本来想帮助有莘国王治理国家，推翻夏朝。但是，他考虑到有莘国王和夏朝是亲戚，而且有莘国太小，没有实力，他就决心去投奔商汤。

伊挚得知有莘国公主要嫁给商汤，他认定这是一次机会，就主动要求作为公主的陪嫁，到商国去。公主也爱吃伊挚做的饭，更喜欢伊挚的学问，就请求父亲把伊挚作为陪嫁，带在身边。国王禁不住女儿的请求，就答应了。

于是，伊挚跟随公主，来到了商汤身边。商汤见伊挚来了，高兴极了。两个人长谈了几天，商量着推翻夏朝的办法。最后,商汤任命伊挚为"尹",也就是右丞相,和左丞相仲虺(huī)一起,帮助商汤管理国家、训练军队、积蓄力量、准备推翻夏朝姒癸的统治。从此,伊挚就被称作"伊尹"了。

四、网开三面

夏朝的时候,中国由许多小国家组成,每个国家都归夏王统治,商汤和伊尹、仲虺(huī)商量,怎样让各个小国家相信自己,和商国团结起来,推翻夏朝。伊尹就给商汤出了一个主意。

有一次,商汤到山林中,看见一个农夫正在往树上挂捕捉飞鸟的网。农夫在东南西北四个方向,都挂上网。然后嘴里说:"求上天保佑,从四面飞来的鸟,都落入我的网中。"

商汤听了以后说:"你这样做也太残忍了。在四面都挂上网,就会把所有的鸟都杀了。以后,树林里就再也没有鸟了。"

商汤就下令,把三面的网都撤掉,只留下一面。他也跪下说:"上天保佑,鸟儿呀,想往左飞的,就往左飞;想往右飞的,就往右飞;不听话的,就向网里钻吧!"

商汤说完,对农夫说:"对待禽兽也要有爱护之心,不能斩尽杀绝。"

成汤(商汤),
选自《清刻历代画像传》

伊尹就把"网开三面"的事情,到处传扬,各个国家的人听了,都说:"商汤对禽兽都这样好,说明他是一个有爱心的人,是一个好国王。"大家对商汤更加信任,投奔商汤的人也越来越多,和商国友好的国家也更多了,商汤的势力更大了。

五、充当间谍

为了侦察夏朝的情况,伊尹主动提出,他要亲自去夏朝的国都,了解情况,侦察夏朝的敌情,商汤同意了。

伊尹带了许多礼物和贡品来到夏朝国都。但是,夏朝国王姒癸却不在国都管理国家。而是在另外一个地方寻欢作乐。伊尹几次求见,才见到姒癸,姒癸收下伊尹带来的贡品和礼物。伊尹对姒癸说:"一个好的国王要爱护人民,让人民感觉到国王的爱心。如果人民都逃跑了,国家也会灭亡。"姒癸听了很不高兴,说:"我们国家的人民和我的关系,就像太阳和月亮的关系。月亮没有灭亡,太阳会灭亡吗?"

伊尹看见姒癸非常骄傲,听不进去别人的话,他就没有再说什么。姒癸就让伊尹在国都住下,从此就不见伊尹了。伊尹在夏朝国都住了三年,把夏朝的人民生活和军队训练情况,了解得一清二楚后,他就回到商国。

伊尹向商汤报告说:"夏朝自从大禹建国以来,已经经历四百多年了,夏王是天下共同的主人。虽然现在的夏王姒癸很坏,人民很恨他,但是,他在各个诸侯国中仍有威信,所以,我们不能轻举妄动,只有等待时机再行动。"商汤接受了伊尹的主张,做积极的准备工作。

六、营救商汤

伊尹为商汤出谋划策，让商汤在发展自己力量的同时，不断消灭支持夏王姒癸的国家。于是，商汤就先后把周围支持夏王的国家消灭了。消息传到夏王姒癸那里，姒癸非常生气，就让商汤到夏国国都来，商汤就去了夏国国都，姒癸就下令把商汤关进监狱，准备杀害商汤。伊尹和仲虺得到消息，就赶快带着金钱、美女、奇珍异宝来到夏都，把这些东西都送给姒癸和他手下的大臣们。

姒癸是一个贪财好色的人，看见伊尹送来许多宝贝，非常高兴，他就下令将商汤释放了。

许多国家的国王，听说姒癸释放了商汤，都认为，姒癸是放虎归山，姒癸的末日快要来了，于是，就纷纷归顺了商国，商国的实力更大了。

七、汤武革命

商汤回到商国，伊尹见背叛夏国的人越来越多，商国的实力越来越强,就准备联合各国军队,攻打夏国。

伊尹首先到夏朝的地方,去找那里的老百姓,伊尹对老百姓说:"夏朝国王姒癸说,他是太阳,你们老百姓是月亮,你们月亮没有灭亡,他这个太阳也不会灭亡。"

老百姓说:"天呐!这个可恨的太阳,你什么时候灭亡呀?我们愿意和你一起灭亡。"

伊尹听了这些话,知道人民再也不会支持夏朝了,他就劝商汤去攻打夏朝。

商汤带领军队,把支持夏朝的小国家一个个消灭掉了。最后,在鸣条这个地方,和夏朝军队大战,把夏朝打败了。

商汤和伊尹就把夏朝的坏国王姒癸赶走了,姒癸最后饿死在南巢(cháo)卧牛山上。商汤就给姒癸取个名字,叫做"桀(jié)",意思是野蛮凶残的人。所以,在历史上,人们都把夏朝最

夏桀,汉画像石,
山东嘉祥武氏祠

后一个国王姒癸,叫做"夏桀"。

八、辅佐商汤

商汤在伊尹、仲虺(huǐ)等人的帮助下,建立了商朝。伊尹继续做宰相,帮助商汤管理国家。

伊尹从小就是一个好厨师,他提出"五味调和"的做饭方法。五位就是"甜、苦、酸、辣、咸"五种味道,做饭的时候要把每一种味道的调料用得恰到好处,不多不少,才能调出味道和平和谐的饭菜,而且要掌握好火候,在什么时候放什么调料,不能放早,也不能太晚。伊尹是我们中国第一个提出厨艺理论的人,几千年来,人们都把他尊为厨师的祖宗。

伊尹也是汤药的发明人,他说的"五味调和"和掌握火候,也是中医的重要理论。

伊尹在帮助商汤治理国家的同时,还常到人民中间去,教人民怎样做饭,他还给人民看病治病,教人民怎样熬制汤药。

伊尹认为治理国家也像做饭一样，五种味道和火候都要掌握好，治理国家要掌握好奖励和刑罚的轻重，也要把握好时机。

九、辅佐幼臣

商汤当国王三十年后去世，伊尹继续做宰相，他活了一百多岁，当了六十多年宰相，辅佐了商朝四代国王。

伊尹做事非常认真，他十分关心人民生活，又教育好年轻的国王。商汤的前两个继位者都能尊重伊尹的教导，认真治国，关心人民生活，但是，到了商汤的孙子，第四代国王太甲的时候，就不行了。太甲任意发号施令，只想玩乐，国家就混乱了。

伊尹非常着急，就反复劝太甲，但是，太甲不听伊尹的劝告，依然胡作非为。伊尹只好让他去给商汤守墓，来反思自己。三年之后，太甲的野性收敛（liǎn）了，也懂些事了。伊尹就把太甲迎接回来。

伊尹对太甲说："人民没有固定，要跟随哪个国王，只知道哪个国王好,他们就跟随哪个国王。"

伊尹又说:"一个人,如果你想上到高处去,就必须从最下面开始攀登;如果你要到远处去,一定要从脚下开始走。你要管理好国家,就必须重视人民中发生的各种小事,关心人民的生活。一个好的国王,不要只贪图玩耍享受,你必须从头开始,认真做事啊!"

太甲听完感动得哭了。他说:"天给人降下大祸,人还可以逃避,但是一个人自己干坏事,迟早要受到惩罚,那是逃不掉的。"

太甲从此认真治理国家。

伊尹年老了,他就退休回家。他一百多岁的时候,去世了,他去世的时候,天气很不好,连续几天都是大雾笼罩。

十、千秋圣人

几千年来,人民都把伊尹尊称为"圣人",就是因为他关心人民生活,而且在国家危难,人民受苦的时候,挺身而出,帮助商汤建立了一个好的国家。

伊尹的一生，是不断通过自己努力，来改变自己命运的一生。孩子们，一个人出生在什么样的家庭并不重要，重要的是你有没有远大的抱负和理想。伊尹是一个苦命的奴隶出身的人，从小没有父母，但是，他没有放弃理想，最终成为一个被世代敬仰的伟大人物。

太甲的话也很重要："天作孽（niè）犹可违，自作孽不可活。"它的意思是说，天降下来的灾难，还可以躲避，一个人自己干坏事，迟早是要受到惩罚的。

周文王

一、千古流芳

周文王是中国历史上每一个朝代都在歌颂的伟大人物。他对于中华民族的贡献,主要有两个方面:一个是他撰(zhuàn)写《周易》一书,奠定了中华民族的文化根基;另一个方面,他奠定了周朝的根基,开创了一个伟大的新时代。

周文王是黄帝的后

周文王,
选自《历代帝王圣贤名臣大儒遗像》

代,姓姬(jī),名叫昌。他因为贡献很大,他死后,后人给他的谥(shì)号为"文",所以后代都把他称作"周文王"。

中国历史上从周朝初年开始,帝王、后妃(fēi)、诸侯和著名人物死后,人们根据他生前的事迹和品德,都要给他选一个词,作为他的谥号,或是褒(bāo)奖,或是斥责。谥号分三等,有美谥,平谥和恶谥。这个做法从周公姬旦创立开始,一直沿用到清朝末年,有将近三千年的历史。所以,我们根据每个历史人物的谥号,就可以看出他生前的行为和品德好坏。

比如姬昌,他生前建立了许多丰功伟绩,有经天纬地之才,后人给他的谥号为"文",就是经纬天地,能把天和地都管理好的意思;我们上文提到的夏朝最后一个国王姒(sì)癸(guǐ),坏事干尽,丢了天下,死后人们给他的谥号是"桀(jié)","桀"字用在姒癸身上就指他一生骄傲自大,狂妄放纵。后人对于古人,只说谥号,很少说他们的名字,这就往往让人们忘记了他们本来的姓名,只记住了谥号,比如夏桀,再比如周文王。

这种给古人谥号的做法，不只中国有，亚洲国家日本、朝鲜、越南都有这样的传统。

姬昌是商朝时期，居住在现在的陕西省西部岐（qí）山脚下一个国家的王子，这个国家叫做"周"。

姬昌的爷爷叫做姬亶（dǎn）父，是周国的国王，爸爸叫做姬历。姬昌小的时候，聪明，爱学习，很有爱心，能孝敬长辈，又能关心小朋友，爷爷姬亶父就很喜欢他。爷爷姬亶父就想，将来周国要想发展壮大，就要依靠姬昌这个孩子了，他就想把王位传给姬昌的爸爸姬历，等姬历死了，再传给姬昌。但是，姬历是周王姬亶父的第三个儿子，按当时的规矩，应该传给大儿子。姬历的两个哥哥看出了父亲的心思，就主动给姬历和姬昌让路，他们就给自己身上刺上纹身，并剪短头发，跑到荆（jīng）蛮（mán）之地去了。后来，他们在太湖周围建立了另一个国家吴国。

姬历在姬亶父去世后，当上了周国国王。那时候，周国的文化和经济都比较落后，姬历就主动向商朝学习文化，而且和商朝通婚。他带领人民，修水利，发展农业生产，又训练军队，周国慢慢变成一个强大的国家。

姬历带领军队，打败了许多游牧的部落，缴（jiǎo）获了大量的财物，抓获了许多俘虏。许多国家国王都前来归顺，使周国成为商朝西部一个强大的国家。

周国强大了，商朝国王文丁就担心周国有一天会向自己发起进攻。商王文丁就把姬历叫到商朝的国都，关进监狱，姬历脾气倔（jué）强（jiàng），就绝食抗议，最后竟然饿死在监狱里。

姬历死了，姬昌继承王位，做了周国的国王。

二、实行仁政

姬昌当了周王，就开始管理周国。他实行的政策叫做"怀保小民"，就是国家要安抚好每一个百姓。姬昌把田地划成一个个"井"字形，把周围的八块都分给百姓，只留中间一块田地，由老百姓替国家耕种。人民得到土地，都努力生产劳动，慢慢地都富裕起来了。姬昌规定，所有做生意的商人，都不收税。于是，来周国的商人越来越多，带来大量财富。

姬昌又要求全国人民都要做到相亲相爱，互相礼让。要敬爱老人，爱护儿童，对有才能的人要尊敬，对孤儿、寡妇和无子女的老人要安抚赡（shàn）养。他还把刑法中丈夫犯罪，妻子一起受刑的刑法取消了。有人犯罪了，姬昌也不主张把他关进监狱，而是在地上划一圈，让犯人站在圈里服刑，叫做"画地为牢"。

有一次，有个叫做武吉的人，打了一担柴，到城里去卖，武吉路过城门洞的时候，挑柴的扁担一头的柴突然掉了，扁担就从肩膀上翻飞出去，正好打在守门的军士王相头上，把王相一下子打死了。这时候，姬昌的车正好路过这里，就派人抓住武吉。姬昌说："武吉打死王相，按照法律就要抵命。"他命令人在南门的地上画个圈做牢房，竖了根木头做狱吏，将武吉关在圈子里。

三天后，姬昌手下的大（dà）夫散宜生路过南门，看见武吉坐在圈子里放声大哭，散宜生就过去问他，武吉说："我杀人应该偿命，但是我的母亲七十岁了。她只有我一个孩子，老母亲孤身一人，如果我被关在这里，她恐怕就要饿死了！"散宜生很同情他，就跑到城里见姬昌，说：

"不如先放武吉回家,等他安排好母亲的生活,再来抵命。"姬昌同情武吉是一个孝子,就答应把他放了。

姬昌对各地来的有品德和有学问的人非常尊敬,于是,就有许多人才跑来投奔他。

姬昌自己生活非常勤俭,他穿着老百姓的粗布衣服,还亲自到田间劳动,兢(jīng)兢业业治理自己的国家。周国在他的治理下,国力日渐强大。

周文王,选自《历代古人像赞》

三、商朝暴政

这时候,商朝的国王名字叫做帝辛,他天生非常聪明,读书过目不忘,而且力气很大,能够把几头牛拉得朝后退，也能把房梁用肩膀扛着，用手换下房子的柱子。他年轻的时候是一个好国王，领导农民，抓紧农业生产。但是，后来，他却骄傲自大起来，认为天下的人都不如他聪明，也不如他能干，就变成了一个坏国王。

帝辛和所有坏皇帝、坏国王、贪官污吏一样，都喜欢财宝，喜欢美女，不爱惜人民。他也像夏朝的夏桀一样，修造宫殿，修造酒池，悬挂肉林。整天和美女一起吃喝玩乐，不管国家大事。如果有人反对他，他就派兵把反对的人杀掉。为了吓唬反对他的人，他发明了一种刑法，叫做"炮烙（luò）之刑"。就是在地上挖一个大坑，在坑里烧上火，又在火上放上一根铜柱，而且给铜柱上抹上油，命令犯人从涂满油的铜柱上走，那铜柱因为抹了油，非常光滑，再加上在火上烧，很烫，人一走上去，就会滑倒，掉进火坑里，顿时烧得皮焦肉烂。但是，帝辛就喜欢看人被火烧，在火里拼命挣扎的样子。

在各地进贡来的美女中，帝辛最喜欢一个叫做妲（dá）己的美女。妲己长得很漂亮，帝辛很喜欢，就很听妲己的话。妲己心底歹毒，喜欢杀人，而且也喜欢看别人受炮烙之刑。每一次，看到有人在火里挣扎，她就会高兴得拍手大笑，于是，帝辛为了让妲己高兴，就经常让人受炮烙之刑。

帝辛做的这些坏事，传到周国，周王姬昌听了，就非常伤心，他叹了口气，摇摇头。

周王姬昌的这个举动，让另一个叫做崇（chóng）国的国王崇侯虎知道了，他就向帝辛报告，说："周王姬昌，对你很不忠心，他听见你用炮烙之刑杀人，就摇头叹息，他在自己国家，实行好的政策，收买人心，对你会非常不利！将来迟早有一天，他会造反。"

帝辛知道了，就派人把姬昌叫到商朝的国都朝歌，就把他押到一个叫做羑（yǒu）里的地方，关起来。

四、演绎《周易》

周王姬昌被关在羑里，他为了安稳自己的心灵，也为了把自己的思想学问传给后代，他就依托对阴阳八卦的研究和解释，写出了《周易》这部中国历史上最伟大的书。

《周易》根据天地宇宙以及自然变化的规律,告诉人们,处在不同情况下,人们应该采取的态度。

《周易》说,太阳每天升起,日月交替运行,四季不断更替,人要学习天的精神,不断努力学习,努力工作,不断充实完善自己。

大地容纳万物,养育生命,人要学习大地的精神,养成好的品德,包容万物。

人在最困难的时候,要想到美好的前景。不管身处怎样的困境,只要努力坚持,最后都会迎来光明。

人在快乐和顺利的时候,一定要想着灾难就会降临,一定要提前做好准备,不可骄傲自满。

《周易》告诉我们许许多多做人的道理和做事的方法,几千年来一直影响着我们中国人,它是伟大的姬昌在监狱中的作品,而姬昌自己却在监狱中承受了常人难以承受的苦难。

姬昌的大儿子姬考,也叫做伯邑考,为了救爸爸,就主动来到商朝的都城朝歌,为商王帝辛当车夫,他请求帝辛放了自己的爸爸。但是，狠毒的帝辛和妲己就下令把姬考杀了，把他的肉放在大锅里煮熟，端给姬昌吃，姬昌为了能出去给儿子和千千万万被帝辛杀害的人报仇，他含着眼泪吃下了儿子的肉，姬昌心中的痛苦是用语言无法表达的，此后，他大病一场。

周王姬昌在羑里被关押八年，他的第二个儿子姬发和大臣闳（hóng）夭（yāo），一直在设法营救他，他们从有莘国买来美女；从骊（lí）戎（róng）买来带花纹的骏马；还从别的地方买来许多奇珍异宝送给帝辛和他手下的大臣，请求他们释放姬昌。帝辛看见美女，非常高兴，说："这么一点小事，送美女就行了，不用送这么多东西。"于是，帝辛释放了姬昌。帝辛召见姬昌说："都是崇侯虎告状，要不然我还不会关你。"他赏赐给姬昌弓箭和斧钺（yuè），让姬昌替他攻打西戎国。

姬昌依然没有忘记解救可怜的受苦人，他对帝辛说，他可以把周国的一块土地给商朝，来换取帝辛不再对人实施炮烙之刑。帝辛也答应了。

五、选贤任能

周王姬昌出狱回到周国,他决心要消灭商朝,他一方面整顿军马,一方面寻找善于带兵打仗的将领。

有一年,姬昌打猎回来,路过渭河边,看见一个老人戴着斗笠(lì),穿着蓑(suō)衣在河边钓鱼。奇怪的是,这个老人钓鱼的鱼钩不是弯的,而是直的。那鱼钩上也没有挂鱼饵,这根本不可能钓上鱼来。姬昌就觉得很奇怪,就过去询问。原来老人叫姜子牙,是一个很有学问的人。姬昌就向姜子牙询问治国的方法,姜子牙说:"治国没有别的好办法,要坚持用人才,国王要不断寻求优秀人才,当官的要不断任用优秀人才,国民都要尊重优秀人才。"姬昌见姜子牙说得很好,就亲自把姜子牙扶上车,一起回到王宫,并把姜子牙拜为老师。

姜子牙帮着姬昌治理周国,周国人民很有礼貌,人和人从来都不争抢东西。而且,夜里不用关门,路上丢了东西也没有人去捡,都能找回来。

在东面有两个国家,一个叫做虞(yú)国,一个叫做芮(ruì)国,这两个国家经常为争夺土地打仗,最后,两国国王商量,不要打架了,一起去找周王姬昌给评评理,看看谁对谁错。于是,他们一起来到周国,他们看见周国的人民,土地的界限都互相推让。人们走在路上,都友好地打招呼让路。老年人也不用别人搀扶,都很健康地走在路上,大家对老人都十分尊敬。虞国国王和芮国国王看在眼里,心里觉得十分羞愧,他们就没有再去找姬昌,而是回去,把双方边界的土地都放弃了,谁都不种,让给对方。

姬昌和姜子牙商量,要消灭帝辛,必须先消灭支持帝辛的各个国家,他们带兵消灭了犬戎、黎国、邗(hán)国等其他国家,最后,消灭了当年告状的崇侯虎。

消灭了崇侯虎,姬昌在崇国修建了新的都城沣邑,崇国在今天陕西户县境内。

姬昌正准备和姜子牙带兵消灭商王帝辛,但是,姬昌却因为劳累过度而得病了,临死前,他叮嘱自己的儿子姬发,要像尊重自己的父亲一样尊重姜子牙,要消灭商朝,给天下百姓带来一个太平世界。

姬昌死后,安葬在今天陕西省咸阳市以北的毕原上,他的陵叫做周陵。

他的第二个儿子姬发登上周王之位。后来,姬发和姜子牙等人一起,率领军队,打败了商朝帝辛的军队,帝辛自焚而死。

姬发建立了一个强大的周朝,他实行仁政,对人民有爱心,从此天下安定,人民生活幸福快乐。

周武王姬发给姬昌的谥(shì)号是文王。所以,千百年来,人们都把姬昌称为周文王,意思就是周代能够精通天地之道的伟大君王。而给帝辛的谥号是纣王,意思是残暴的坏国王。

姜太公

一、远古人的姓名和姓氏

姜太公姓姜,名叫尚,他的字叫做子牙,号叫做熊飞。"太公"是他的封号。

在古代,一个孩子出生三个月后,爸爸、妈妈或者爷爷、奶奶都会给孩子先取一个名,供大人们呼唤。男孩子长到20岁,女孩子长到15岁的时候,都要举行成人礼,就标志着这

姜太公,
选自《历代帝王圣贤名臣大儒遗像》

个孩子长大了,就给孩子取一个字。再后来,孩子根据自己的爱好或者职业,再给自己取一个号。姜太公的名叫做"尚",字叫做"子牙",号叫做"熊飞"。

但是,姜太公又称为"吕尚",也叫作"吕望"。那是因为,姜太公的祖先曾经被封到"吕"这个地方,就以地名为"氏"。那么,什么是姓?什么又是氏呢?

最早的时候,人类处在母系氏族社会,就是由妈妈的血缘组成一个个部落。为了把各个部落区分开来,就用"姓"来区分,不同的姓,就表示由不同部落的女人所生,所以,"姓"字是女字旁,如姚、姜、姬、姒等。

后来,人越来越多,同一个姓的人就迁移到不同的地方居住,人们就把居住在不同地方的人用"氏"来区别。比如姜尚,就姓姜,吕氏,也可以叫做吕尚。

古人规定,同姓不能结婚,是为了防止近亲繁殖,起到"别婚姻"的重要作用。

再后来,到了汉朝,姓和氏基本通用,成了同一个概念了。

二、半生贫困

姜尚小的时候，家里很穷，他的爸爸妈妈没有钱供他上学，就让他给杀猪的屠户当学徒。他长大了，自己开了一个小酒店，卖饭卖酒，养活自己。但是，姜尚的心思不在做小生意上，他把开酒店赚来的钱，都买了书来读。他非常爱读书，不管是什么书，只要他看见了，都要买回来。所以，他读的书很多，内容也很丰富，他的知识也就很广泛。但是，把钱都买了书，就经常没钱吃饭穿衣，所以，姜尚也就常常饿着肚子，穿得破破烂烂的。

姜尚年龄慢慢长大了，但是，他没有钱娶妻子，就去给一个没有男孩子的人家做上门女婿，他的妻子姓马，是个没有文化，也没有礼貌的人，她嫌姜尚不会赚钱，就整天骂他，催他出去做生意赚钱。姜尚就把家里的粮食用小车推到集市上去卖，但是，他到集市上，心不在卖粮食上，蹲在一边读书。结果，几天过去了，粮食也没卖出去。他回到家里，妻子见他没有赚回来钱，非常气愤，就把姜尚赶出了家门。

姜尚离开家，无处安身。他就跑到当时商朝的国都朝歌，想找个工作，他开始在宾馆门前当门迎，后来还当了一个小官吏，但是，姜尚看不惯商朝的官员欺压人民，他就辞官不干了。

姜尚就这样颠沛流离过了几十年。一眨眼，他已经快七十岁了，成了一个贫困的老人。这时候，他听人传说，周国的西伯侯姬昌非常贤明，对人民也很好，他就下决心去投靠西伯侯姬昌。

三、渭水垂钓

姜尚来到周国，在渭河岸边一个叫做磻（pán）溪（xī）的地方住下来。他每天来到渭河岸边，用一个竹竿钓鱼。但是他的鱼钩是直的，鱼钩上也没有诱饵，鱼根本就不咬他的钩。路过的人看见了，都笑话他傻，说他用一个直钩，怎么能钓上鱼呢？但是，姜尚不管别人怎么说，依然这样钓鱼。大家就把他当做笑话，一传十，十传百传开了。

这时候，西伯侯姬昌正在各地寻找优秀的人才，来帮他治理国家。

有一天,姬昌打猎回来,就听说了姜尚的事情,他也觉得很奇怪,就决定到渭河边来看看究竟是怎么回事。

姬昌来到渭河边,看见姜尚正坐在长满茅草的河水边,用没有挂诱饵的直鱼钩,认真地钓鱼。

姬昌问:"你这样钓鱼,到底是希望钓上鱼呢?还是不希望钓上鱼?"

磻溪垂调,
选自(清)马骀绘《历代名将画谱》

姜尚头也没回,说:"凡是钓鱼的人,都希望钓到鱼。但是,钓鱼也不是那么简单的,它其中也有深奥的道理。"

姬昌问:"钓鱼能有什么深奥的道理呀?"

姜尚说:"一条鱼要是贪吃鱼饵,就会被鱼钩钓住;

一个人如果能够得到国家的重视,也会为国家出力。"

姬昌觉得姜尚说的很对,就问他应该怎样治理国家?

姜尚说:"天下不是一个人的天下,而是天下人的天下。能和天下人共同享受天下的财富,就可以取得天下了。独占天下财富,就会失掉天下。地上的财富,能和人民共同享用的,就是仁爱。实施仁爱,天下的人民就会跟着他。保护人民,让人们避免无辜死亡,解决人民的困难,救助人民的灾难,接济人民的急需,天下的人民就会归顺他。能使天下人都获得利益的,就是王道,谁实行王道谁就拥有天下。"

姬昌听完高兴极了,说:"这真是老天给我们周国派来的奇人呀!"

姬昌把姜尚扶上自己的马车,邀请姜尚和他一起回王宫,并拜姜尚为老师,给姜尚委以重任,他们一起治理周国。

四、辅佐姬发

姬昌在姜尚的帮助下,把周国治理得很好,许多有才能的人都来投靠姬昌,他们对老百姓很好,帮助人民生产,对商人也不收税,来周国的人很多,周国变得越来越强大。

过了几年,姬昌去世了,谥号为"周文王",他的儿子姬发继承了西伯侯的爵位,史称周武王。姬发依然拜姜尚为军师,向他学习治国方法。

九年之后,姬发派姜尚带领各路大军,去攻打欺压人民的坏国王商纣王,姜尚带军队出发的时候,他左手拿着黄金大斧,右手挥着军旗,对着各地来的将领说:"赶快准备你们的战船,率领你们的军队,一起去攻打商朝,违抗命令的斩首。"有八百多个小国家的军队都来了。姜尚和姬发一同率领军队来到盟津这个地方。大家都说:"可以进攻了。"但是,姜尚却认为时机还不成熟,商朝还有许多忠于商纣王的大臣,军队又都退回去了。

五、助周灭商

又过了两年,商纣王杀死忠心耿耿的大臣比干,囚禁了有才能的大臣箕(jī)子。周武王姬发和姜尚都认为消灭商朝的时机到了。

于是,周武王向天下各国发布文告,这就是历史上大名鼎鼎的《太誓》。

文告说:"啊!我友好的各国国王,以及我的大臣官员们,请你们仔细听我的誓言。

天地是万物的父母,人是万物的精灵。真正聪明的人成为国王,国王就是人民的父母。现在商纣王不尊敬天地,降灾祸给人民,他爱喝酒、爱美女,竟然敢对人民残暴的杀害,用灭族的方法杀死人民,只凭自己的喜好选拔官员。住着高大的宫殿,穿着华丽的衣服。人民为了满足他的欲望而不断牺牲。他用炮烙之刑杀死正直的大臣,他剖开孕妇的肚子,来满足他的好奇。

上天震怒了,我要率领你们,去惩罚商纣王。上天怜悯人民，人民的愿望，上天一定会尊重。希望你们大家帮助我，建立一个美好的国家。时机千万不能失去啊！"

周武王命令姜尚带领兵车三百多辆，勇士三千多人，穿着铠甲的士兵四万五千多人，组成大军，去进攻商纣王。

十一年正月甲子日，大军到达商朝国都朝歌郊外的牧野这个地方。商纣王也带领军队七十多万人前来迎战。

战争开始，姜尚率领少量精锐部队，作为先锋，在前面挑战。随后，姬发率领大队人马攻击商纣王的军队。

商军虽然人多势众，但是，士兵都不愿意为一个坏国王卖命，都反过来进攻商纣王。商纣王急忙逃回朝歌，登上鹿台，自焚而死。

姜尚和姬发带军队进入朝歌，宣告商朝灭亡，周朝诞生了。

孩子们，你们一定要记住，当一个国家的领导人，不顾人民的死活，只顾自己贪污腐败，你们就要学习周武王和姜尚的精神，起来打败他，消灭他，重新建立一个好的国家。

六、创建齐国

周朝建立后,姬发为了更好地管理国家,就根据姜尚和周公等人的建议,把全国分成许多个侯国,把周王的亲戚和有功的大臣封到各个侯国,这就叫做"分封诸侯"。

由于姜尚功勋卓著,被封到营丘这个地方,建立齐国。

于是,姜尚带领人马往东方前进,朝营丘进发。但是因为长途行军,非常疲劳,他们行走的速度非常缓慢。有一天,姜尚刚刚睡下,就听见营帐外面有人议论说:"都说这个姜尚很有本事,我看也是一般,他倒是睡觉睡得香甜,根本不像是一个去创立国家的样子。"

姜尚听完,马上起床,带领人马迅速前进,他的军队刚到营丘,正遇上莱国的军队正在渡河,准备占领营丘。姜尚指挥军队,打败了莱国军队,正式建立了齐国。

姜尚以法治国,安定民心。齐国很快就繁荣起来。仅仅五个月后,姜尚就回到周朝国都,向执政的周公报告政绩去了。

七、辅佐周王

姜尚回到周朝国都镐京。此时,周武王去世了,他就和执政的周公姬旦一起,辅佐年幼的周成王姬诵。这时候,姬诵的三个叔叔叛乱了,管叔姬鲜、蔡叔姬度和霍叔姬处一起发动叛乱,叫做"三监之乱",东边的许多小国家也起兵造反。这时候,姜尚已经九十多岁了,他顾不得自己年高体迈,帮助周公姬旦,平定叛乱,并且经常亲自领兵作战。

周公姬旦去世后,姜尚还继续辅佐周成王。周成王去世,姜尚又辅佐周康王姬钊。他的大儿子姜伋,一直在镐京统领着王宫卫戍部队。齐国营丘由姜尚的三儿子镇守。

周康王六年,姜尚在周朝国都镐京去世,他去世的时候年近一百四十岁。

八、流芳千古

姜尚是我们国家第一位伟大的军事家,他也是杰出的政治家。他指挥打仗的才能,一直被后来各个朝代的将领们学习和歌颂。

《诗经·大雅·大明》有一首诗歌颂姜尚,写道:

"牧野战场是那样广阔无边,
檀木打造的兵车坚固堂皇。
驾车的白腹战马威武雄壮,
我大周的太师姜子牙尚父,
关键时刻如鹰般风采飞扬,
尽心竭力辅佐我先祖武王,
纵兵横掠讨伐殷商之国邦,
一个早上谱就清明新篇章。"

周　公

一、谁是周公

周公不是一个人的名字，而是一个爵位的名字。

在古代，国王或者皇帝对自己的亲戚或者有功劳的人，分封爵位，可以子孙世代继承，并且分给他们土地。中国周朝的爵位分为五等，就是公、侯、伯、子、男五个等级。周公，就是分封在周这个地方的公爵。周

周公，
选自《历代帝王圣贤名臣大儒遗像》

这个地方在今天陕西省西部凤翔县一带。

历史上不只有一位周公,但是,人们常说的周公是指第一位周公。比如人们常说"周公解梦""周公吐哺",说的都是第一位周公。

第一位周公姓姬,名字叫做"旦",也就是早晨的意思。

周公姬旦,是中国历史上一位伟大的人物,他是政治家、军事家和思想家。

二、生于王家

姬旦生在大约公元前1100年,离现在大约有3000年了。他出生的时候,中国处在商朝时期。

姬旦的爸爸是周文王,名字叫姬昌。姬昌可是中国历史上一个了不起的人,他是商朝时期周族的领袖。

当时,商王帝辛在位后期,居功自傲,他浪费很多人力和财物,建起很高的台子,叫做"鹿台";浪费很多粮食造酒,把酒倒在一个池子里,叫做"酒池";还把各种动物的肉悬挂起来，叫做"肉林"，这些都供他随时享受。他把给他提意见的大臣都杀了。还担心有才能的姬昌造反，就把姬昌关起来。姬昌在羑（yǒu）里这个地方被关了很多年，他就利用这些时间，对过去伏羲氏写的《易》这本书进行研究，最后写成了一部著作，叫做《周易》，《周易》不仅仅是一部算卦的书，它还告诉人们，处在不同情况下，应该采取的态度和办法，这是中国历史上最伟大的典籍之一。

后来，姬昌采取很多办法，讨好商王帝辛，帝辛也就把姬昌放回家了。

姬昌回家后，就开始管理好周族，发愤图强。他的国家人口越来越多，人民也越来越富裕，但是，商王帝辛却越来越腐败，他很爱一个生性冷酷的女人，叫做妲（dá）己，他们不断杀害大臣和人民，人民就到处反抗。

姬昌过了几年去世了，他的儿子中最有才能的有三个，一个是他的二儿子姬发，另一个就是他的第四个儿子姬旦，还有一个是他第五个儿子姬奭（shì）。

二儿子姬发继承了爸爸的爵位和事业，四儿子姬旦和五儿子姬奭帮着哥哥管理周族。

大约公元前1066年,姬发、姬旦和姬奭联合西方11个小国家的军队,对商朝发起进攻,在牧野这个地方,把商朝的军队打败了,周兵攻入商朝的首都朝歌,商王帝辛在鹿台上自己点火把自己烧死,他爱的坏女人妲己,也被姬旦杀了,商朝灭亡了。人们把商王帝辛称作"纣王","纣"的意思就是说他很坏,杀害好人,残害善良的人。

姬发、姬旦和姬奭带领大臣和人民,建立了周朝,姬发当了国王,就是周武王,他把姬旦封在一个叫做周的地方做公爵,叫做周公,又把姬奭封在一个叫做召(shào)的地方做公爵,叫做召公。

三、爱护人民

商纣王死了,但是他统治下的人民怎么办?周武王一时拿不定主意,他就征求大臣和兄弟们的意见。

周武王首先询问军师姜子牙,姜子牙说:"我听说,如果爱一个人,就连他住的房子上的乌鸦也喜欢,这就叫

"爱屋及乌"。如果恨一个人，就连他住的房子周围的篱笆围墙也要拆掉。"他的意思是说，我们恨商纣王，不如连他的人民也一起杀掉。

周武王又询问召公姬奭，姬奭说："有罪的杀死，没罪的留下。"

周武王又问周公姬旦，姬旦说："还是让商纣王过去统治的人民，继续住在原来的地方，耕种原来的土地，并且让他们中间有威信的人，来参与管理，这样才能不杀无辜的人，国家才能安定。"

周武王听了，认为周公姬旦说得对，就采纳了他的意见，命令释放了被商纣王关押的好官员，并且把商纣王存下来的粮食和财物，分给商朝的老百姓，人民都说，周朝就是比商朝好，人民也安定下来了。

周武王还根据姬旦的建议，对商纣王的儿子武庚不但不杀，而且还让他管理原来商朝首都的百姓，改这个地方的名字叫做邶国。他同时又把自己的另外几个弟弟封在邶国周围，监视武庚，害怕他造反。他把弟弟姬鲜封在管这个地方，建立管国；把弟弟姬度封在蔡这个地方，建立蔡国；还把另一个弟弟姬处封在霍这个地方，建立霍国；来协助、监督商纣王之子武庚，一同治理商朝留下来的人民，史称"三监"。

四、忠于国王

周武王姬发灭掉商朝后，由于太过劳累，就得了重病。姬旦非常伤心，他就向死去的祖先祷（dǎo）告。

他说："敬爱的祖先呀！你们的大孙子姬发得了重病，如果你们在天上缺少一个孩子，那就让我死去，去代替他。我的品德很好，而且多才多艺。你们的大孙子不如我多才多艺，不能侍奉鬼神。还是让我去死吧！"

姬旦愿意用自己的生命，代替周武王去死，说明他对周武王非常忠心。

过了不久，周武王的病更加沉重，武王在临死前愿意把王位传给周公姬旦，姬旦伤心得哭了，他坚决不接受王位，而是要保护武王的儿子当上周王。

武王的儿子叫做姬诵，他继承了王位，称为周成王。

姬诵当时还是一个孩子，这时候周朝刚刚建立，还不稳定，一个孩子怎么能够处理问题呢？周公姬旦就主动处理这些复杂的问题。

国家的事情非常多，政务繁忙，周公姬旦非常辛苦，但是他不辞劳苦，处理各种问题，有时候，他正洗头发，有人要求见他，他就用手握着湿淋淋的头发出来会见客人，有时候他正吃饭，有人要见他，他就赶快把吃到嘴里的饭菜吐出来，跑到客厅去会见客人，他害怕怠慢客人，让别人寒心，耽误国家大事。有成语叫做"周公吐哺"或者"周公握发"，说的就是这件事情。

五、平定三监

周公姬旦帮着周成王姬诵处理国家大事，他的哥哥管叔姬鲜很不高兴，于是就四处散布流言说，周公姬旦要害死成王夺取王位。

管叔姬鲜和蔡叔姬度就鼓动商纣王的儿子武庚一起叛乱，还有徐国、奄国和淮夷国等几十个大小邦国都起来造反,战争爆发,周朝处在风雨飘摇之中。

这时候,周朝内部也有人怀疑周公姬旦的忠诚,姬旦面临内外夹攻的困难局面。

姬旦临危不乱,他先稳定国都局势,又和主要大臣太公姜子牙、召公姬奭保持团结。第二年他亲自率领军队东征,讨伐管叔姬鲜、蔡叔姬度以及商纣王的儿子武庚,经过三年艰苦作战,终于讨平了叛乱,征服了叛乱的国家,收降了大批商朝贵族,同时杀死了管叔姬鲜和武庚,放逐了蔡叔姬度。

周公乘胜向东方进军,灭掉了奄(今山东曲阜)等五十多个国家,从此周朝的势力延伸到海边,周人再也不是西方的"小邦"了,而成为东至大海,南至淮河流域,北至辽东的大国家。

六、营建东都

周朝的都城开始在位于陕西关中的丰京和镐京,周公帮助周成王姬诵辅政的第五年,为了加强对东方的控制，正式营建东都洛邑，经过一年左右的时间建成，这是当时世界上最大的城市，城内宫殿富丽堂皇，新都叫"新邑"或"新洛邑"，新都因为是周王居住地，又叫"王城"，也叫"成周"，意思是成就周朝，原来的丰京和镐京就称作"宗周"了，意思是周王祖先居住的地方。

东都洛邑建成之后，周公召集天下诸侯举行盛大庆典。

七、制礼作乐

周公在洛邑举行完盛大庆典，就正式册封天下诸侯，诸侯就是一个个分封的小国家，他们的统治者就是侯爵。并且宣布各种国家法律制度。

商朝刚刚灭亡，国家又经战乱，到处都很混乱，周公为了建立国家秩序，先后发布了各种文告，颁布各种政策，也就是"制礼作乐"。其中最重要的有《康诰》《酒诰》《梓材》三篇文告。诰就是国王的命令。

颁布《康诰》的目的是安定人民，其中最重要的一句话就是"明德慎罚"。"明德"的意思就是要培养光明的品德。"慎罚"的意思是要慎重办理案件,依法行事。周公姬旦反复强调要想方设法使人民健康、要保护人民,要让人民富裕,要亲近人民,这就是"康民""保民""裕民"和"庶民"。这种爱护人民的思想是非常伟大的。

《酒诰》是针对商朝老百姓饮酒成风的坏风气来制定的。周公说酿酒要用去大量粮食,在粮食缺乏的时代,必须制止。周公认为祭祀庆典的时候是可以喝一点,但是群饮和酗酒是不行的。

《梓材》是禁止人民之间互相杀害的,周公要人民互相敬爱,更要关怀没有丈夫的寡妇,没有子女的老人。

在周公帮助成王辅政第六年,他开始谋划"制礼作乐"。"礼"就是秩序,强调不同的人之间的区别,教人们要尊敬有品德有学问有身份的人,这就是"尊尊";"乐"就是音乐,要用音乐来让人民内心平和,互相亲近,这就是"亲亲"。周公的这些思想,是后来儒家思想的根本。所以,周公被孔子尊称为"元圣",也就是第一个圣人。

八、还政成王

周公姬旦摄政六年，成王已经长大了，他决定还政于成王。但是他还是不放心年轻的成王，于是，他写了一篇文章，叫做《无逸》，他告诉成王姬诵，要以商朝的灭亡为前车之鉴，要知道农夫种地的艰辛，不要贪图安逸和享受，不要只顾游玩和打猎，要认真治理国家。

然后，周公开始做臣子的事情，再不代替成王发号施令。

周公姬旦退位后，把主要精力用于"制礼作乐"，继续完善各种典章法规。

过了几年，周公姬旦老了，他临死的时候叮嘱说："一定要把我葬在洛邑，以表示我至死也没有离开成王"。不久，周公去世，他死后，成王把他安葬在周文王姬昌的墓地旁边，成王说："我不敢用大臣的礼仪安葬周公。"

九、千古圣人

孩子们，请你们记住三千年前我们中国这位伟大的圣人——周公姬旦。

周公在国家危难的时候，不避艰辛挺身而出，担当挽救国家的重任，当国家转危为安，走上顺利发展的时候，他毅然让位，这种无畏无私的精神，始终被后代称颂。

周公让官员们都关心人民的疾苦，这种思想在古代难能可贵。

周公创造的礼乐制度，使国家走上和谐有序的发展道路。

周公是一个千古被人传诵的伟人，我们应该记住他，怀念他。